リアルな会話で学ぶ

にほんご初中級リスニング

Alive

Nihongo Alive:
Listen & Learn from Real-life Conversations
Beginning & Intermediate

［監修］
鎌田 修
Osamu Kamada

［著］
山森 理恵
Michie Yamamori

金庭 久美子
Kumiko Kaneniwa

奥野 由紀子
Yukiko Okuno

the japan times
PUBLISHING

監修者 　**鎌田 修**（かまだ おさむ）
南山大学特任研究員（元教授）、日本語プロフィシェンシー研究学会会長。1991年より ACTFL OPI試験官トレーナー。著書に『生きた素材で学ぶ 新・中級から上級への日本語』（共著）、『同ワークブック』『生きた会話を学ぶ中級から上級への日本語なりきりリスニング』（監修／ジャパンタイムズ出版）、『OPIによる会話能力の評価―テスティング、教育、研究に活かす―』（共編著／凡人社）など。

著者 　**山森 理恵**（やまもり みちえ）
横浜国立大学および東海大学非常勤講師。著書に『生きた素材で学ぶ 新・中級から上級への日本語ワークブック』『生きた会話を学ぶ中級から上級への日本語なりきりリスニング』（共著／ジャパンタイムズ出版）など。2006年、ACTFL OPI試験官資格取得。

金庭 久美子（かねにわ くみこ）
立教大学日本語教育センター特任准教授。著書に『生きた素材で学ぶ 新・中級から上級への日本語ワークブック』『生きた会話を学ぶ中級から上級への日本語なりきりリスニング』（共著／ジャパンタイムズ出版）など。2003年、ACTFL OPI試験官資格取得。

奥野 由紀子（おくの ゆきこ）
東京都立大学教授。著書に『生きた素材で学ぶ 新・中級から上級への日本語ワークブック』『生きた会話を学ぶ中級から上級への日本語なりきりリスニング』（共著／ジャパンタイムズ出版）、『日本語教師のためのCLIL（内容言語統合型学習）入門』『日本語×世界の課題を学ぶ 日本語でPEACE』（編著／凡人社）など。2001年、ACTFL OPI試験官資格取得。

写真提供　奈良屋／iStock／PIXTA

リアルな会話で学ぶにほんご初中級リスニング Alive
Nihongo Alive: Listen & Learn from Real-life Conversations Beginning & Intermediate
2021年11月20日　初版発行

監修者：鎌田修
著　者：山森理恵・金庭久美子・奥野由紀子
発行者：伊藤秀樹
発行所：株式会社 ジャパンタイムズ出版
　　　　〒102-0082 東京都千代田区一番町2-2　一番町第二TGビル 2F
　　　　電話（050）3646-9500（出版営業部）
ISBN978-4-7890-1801-2

First edition: November 2021

Narrators: Yuki Minatsuki, Miku Fujihara, Asahi Sasagawa, Hiroaki Tanaka and Shinnosuke Iwamoto
Recordings: The English Language Education Council
Translations: EXIM International, Inc.
Layout design and typesetting: DEP, Inc.
Cover design: Yamaoka Design Office
Printing: Nikkei Printing Inc.

Published by The Japan Times Publishing, Ltd.
2F Ichibancho Daini TG Bldg., 2-2 Ichibancho, Chiyoda-ku, Tokyo 102-0082, Japan
Phone: 050-3646-9500
Website: https://jtpublishing.co.jp/

ISBN978-4-7890-1801-2

Printed in Japan

もくじ

［この本をお使いになる方へ］

　よりよい人間関係を築いて日常的にコミュニケーションを行うためには**何気ない会話（＝雑談）**が欠かせません。第二言語使用者も同様に、コミュニケーションを深め、雑談に参加していくことが望まれます。初級を終えた日本語学習者は、様々な文法や語彙を学び、知識として持っていますが、それを運用するチャンスがなかなかありません。本書はそのような方にも雑談に参加してもらえるような教材を目指しています。

　これまで、日本語教育の場で雑談を取り上げる場合、「話す」ことに焦点が置かれがちでした。けれども、「話す」ことの前提として「聞く」という作業があります。

　自然な会話を聞こうとすると、話しことば特有の表現があり、フィラー、繰り返しなども多く、会話のスピードも一定ではありません。そのような「リアルな会話」を早い段階から聞いて、慣れることが重要です。また、これまでの会話の聞き取り練習では、自分とは関係のないことを聞く「傍聴型」が多くを占めていました。しかし、実際に会話を聞く際は、その会話の一員として聞くことがほとんどです。中でも雑談は、情報を聞き取って終わりではありません。聞いて理解したこと／できなかったことに反応したり、共感を示したりして、会話に参加するだけでなく、会話をさらに展開できる"良い聞き手"になることが重要です。

　本書は、人と人との**何気ないリアルな会話**を元に作成された**「聞き手参加型聴解／会話」**教材です。「聞き手参加型」とは、**当事者（「あなた」）**になりきって聞き、**共感をもって自然に反応**しながら会話に参加するということです。同じコンセプトの既刊教材『生きた会話を学ぶ中級から上級への日本語なりきりリスニング』の姉妹編となります。初中級レベルのものがあるといいという声を受け、国内外で試行を重ねて発行に至りました。タイトルの「Alive」には、実際の会話がベースになっていることのリアル感を、「生き生きした」「活発な」という意味に込めています。既刊の「なりきりリスニング」は今回、会話セクションの見出しとして用いました。本書の特長である「会話に入り込んで聞く」ことを表しています。

　本書はまた、第二言語習得理論をベースとした研究と実践に裏付けられており、意味のあるやりとりの中で、**初中級レベル**から、無理なくレベルアップし、聞いて理解し、会話に参加できるようにデザインされています。日常的に行われる雑談に必要な表現を学べるようにした「**にほんごAlive**」で、是非おしゃべりの楽しさ、**面白さ**を実感してください。

本書の特徴

❶ 対象レベルと目標

この教材は、**初中級**の学習者を対象としています。初級教科書を修了し、さらにコミュニケーションの幅を広げ、レベルアップを目指す方々向けのものです。日常的な雑談を理解し、共感を示し、さらに会話を展開していけるような**能動的な聞く力**、および**コミュニケーション能力**を身につけることを目標としています。

❷ 特長

本書に収録されている音声は、実際に日本人同士の間で行われた**リアルな会話**をもとに教材として再現し、当事者として「聞きたい」と思える内容となっています。話題となっているのは、若者目線で見たリアルでホットな日本文化、例えば、たこ焼き、手巻きずし、カレーライス、お弁当、和カフェ、餅、露天風呂、旅館などです。

1つのユニットには「**なりきりリスニング**」が3つずつあり、やり取りのパターンが同じでそれぞれ異なるトピックの会話を聞くことができます。生の会話に不慣れな学習者でも、同じパターンで複数回聞くことで、無理なく飽きずに練習できるようになっています。

この「なりきりリスニング」には「**あなたカード**」が設定されています。「あなたカード」とは、当事者が持っているはずの前提となる情報や背景知識が示されたカードです。聴解が難しいのは、事前情報や背景知識がないことが理由のときもあります。そこで本書では、「あなたカード」に当事者として持っているはずの事前情報や背景情報、その場の状況を提示し、「あなた」になりきって会話を聞くことができるよう工夫しました。

さらに、各ユニットは、一定の長さの話を聞いて理解する上で必要なスキルが養えるように、「**情報積み上げ**」「**予測聞き取り**」「**背景情報活用**」の3つのスキルに着目してデザインされています。実際に聞き取りを行う際は、これらのスキルを複合的に駆使して行いますが、本書ではそれら1つずつに注目して聞き取る練習を行います。

また、オールカラーの画像を見ながら、学習者が話題や状況に入り込みやすいようになっています。

❸ 教科書全体の構成

本書には全部で8つのユニット（U）があり、U1～U3は「情報積み上げ」、U4とU5は「予測聞き取り」、U6～U8は「背景情報活用」のスキルを用いながら聞く練習になっています。1ユニットは、授業時間が90分の場合、2回で進めることを想定しています。ユニットが進むにつれて会話の展開が少しずつ複雑になっていきますが、学習者の興味に合わせて、ユニットや扱う順序を選択してご使用いただけます。

ユニット	タイトル	聞き取りのスキル
U1	みんなでたこ焼き	情報積み上げ
U2	だぶった？	
U3	健康にはスムージー	
U4	桜の下でランニング	予測聞き取り
U5	なんかいいことあった？	
U6	これがおすすめ	背景情報活用
U7	温泉大好き	
U8	旅行に行ったけど	

各ユニットの構成と使い方

聞き取りスキル

情報積み上げ 聞いた情報を積み上げて、ストーリーの全体を理解する。

予測聞き取り 話の展開を予測しながら聞いて理解する。

背景情報活用 すでに知っている情報と相手から聞いた情報を合わせて理解する。

このユニットを聞くときのポイント

このユニットの会話を理解するために気をつける聞き方のポイントです。このポイントを確認してから、ユニットの学習を進めてください。

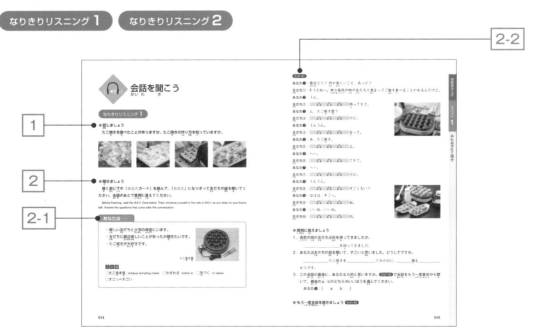

1 話しましょう

会話を聞く前のウォームアップ。会話の話題について知っていることなどをクラスで話し合い、話題に対する関心を高める。

2 聞きましょう

2-1 あなたカード

「あなた」と「友だち／後輩」の会話を「あなた」の立場になりきって聞くための前提となる内容が書かれている。会話を聞く前に読んでおくことで、本来「あなた」が持っている背景情報や会話が行われている状況についての情報をきちんと理解して聞くことができる。難しい語彙は、聞く前に確認できるよう「ことば」として取り上げ、英訳を付けている。

2-2 会話（ ◁)U1-01 など）

なりきりリスニング1・2は、会話の最初から最後までの全ターンを示してある。相手のセリフは網かけ ⌒ ⌒ ⌒ で隠されているが、そのセリフの最後の部分は、次の「あなた」のセリフが始まるタイミングがわかるように表示している。また、「あなた」のセリフは、相づちや聞いたことに反応するための表現がわかるように、すべて文字で示されている。

ただし音声では、「あなた」と相手のやり取りが自然な会話として進行しているため、2人のセリフが重なっていたり、フィラーや相手の話の途中での相づちなど、スクリプトでは文字化されていない発話が入っていたりする。

1つの会話は、3回または4回聞けるように音声トラックが分かれている。

●U1～3「情報積み上げ」とU6～8「背景情報活用」

1回目：相手の話を最後まで聞いて、話の内容に関する質問に答える。

2回目：もう一度最初から聞いて、その会話の最後に自分が「あなた」として何と言うのがふさわしいか、選択肢を聞いて選ぶ。

3回目：全体の内容を理解したあと、最初から最後まで通して楽しく聞く。

●U4～5「予測聞き取り」

1回目：相手の話を途中まで聞いて、次に相手が何と言うか予測し、選択肢を聞いて選ぶ。

2回目：会話の続きから最後まで聞いて、全体の内容を理解する。

3回目：もう一度最初から聞いて、その会話の最後に自分が「あなた」として何と言うのがふさわしいか、選択肢を聞いて選ぶ。話の内容に関する質問に答える。

4回目：全体の内容を理解したあと、最初から最後まで通して楽しく聞く。

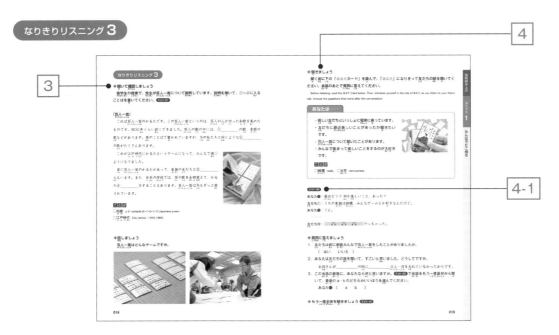

3 聞いて確認しましょう

このあとの会話で話題となっている文化情報の説明などを、自然な話し方のモノローグで聞く。
会話の理解に必要な語彙を聞き取り、確認するための穴埋め問題。

4 聞きましょう

4-1 会話 (🔊U1-08 など)

同じ展開の会話を聞くのは3回目となるため、展開を予想しながら聞くことができるように、
すべてのターンではなく、会話の始まりと終わりのセリフだけが書いてある。

聞いたあとで
き

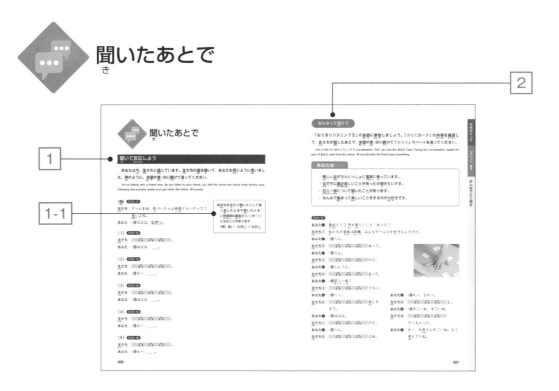

1 聞いて反応しよう

相手の話を聞き、自然な話しことばで使われる表現を使って適切な受け答えができるようになるための練習。下線の部分は「書く」のではなく、何を言うか自分で考え、声に出して答える。

誌面では「あなた」のセリフの一部を文字で示してあるが、その部分も含めて、「あなた」のセリフを、合図の音に続けて言う。そのあと発話例の音声が流れるので、聞いて確認できる。発話例までの時間の長さは、学習者のスキルやペースに合わせ、適宜ポーズボタンを押して調節してもよい。

1-1 練習のポイント

会話の中でその表現がどのように使われるか、その表現を使ってどのような意味を表すことができるかを説明している。

2 なりきって話そう

「なりきりリスニング3」の「あなた」のパートが入っていない音声を聞きながら、「あなた」になりきって言ってみる練習。スクリプトと全く同じことを言う必要はなく、聞いた内容に合った反応が、タイミングも的確にできることが重要である。相手の話をよく聞いて、その内容や雰囲気に合う反応をしてほしい。この練習も適宜ポーズボタンを押してブランクの長さを調節してもよい。

また、音声を聞くのではなく、ペアになり、別冊のスクリプトを見ながらそれぞれの役に「なりきって」行ってもよい。

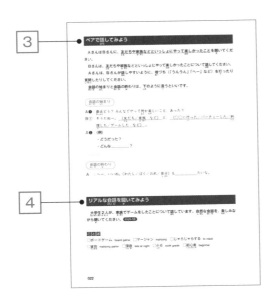

3 ペアで話してみよう

このユニットで扱ったテーマについてペアで話す練習。自然な相づちを打ったり質問したりしながら聞き、会話が発展するようにする。ターンの数や内容などは学習者自身に合わせて楽しく自由に行う。

4 リアルな会話を聞いてみよう

「なりきりリスニング」の元になった学生同士の実際の生の会話音声。ユニットで練習したことを生かして、スピードも会話のターンもそのままの、リアルな会話の聞き取りに挑戦してみてほしい。

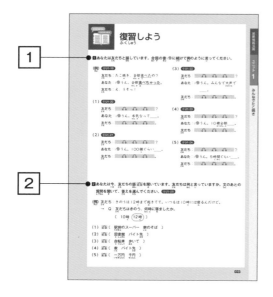

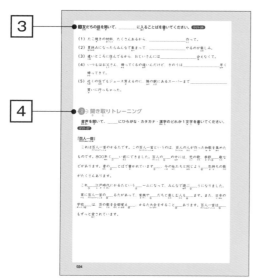

1 問題**1**

　そのユニットの会話で使われていた話しことば特有の表現を練習する。「あなた」のセリフの下線部を考え、声に出して言う。誌面では「あなた」のセリフの一部を文字で示したところもあるが、その部分も含めて、「あなた」のセリフを、合図の音に続けて言う。そのあと発話例の音声が流れるので、聞いて確認できる。発話例までの時間の長さは、学習者のスキルやペースに合わせ、適宜ポーズボタンを押して調節してもよい。

2 問題**2**

　「なりきりリスニング」の会話で出てきた文法や表現が含まれる文を聞き、質問に答える。

3 問題**3**

　友だちの話を聞いて、「なりきりリスニング」の会話で扱った語彙や表現を書き取る。

4 聞き取りトレーニング

　音声を聞きながら1文字ずつを書き込む練習。「なりきりリスニング3」の「聞いて確認しよう」とほぼ同じスクリプトだが、聞き取りやすいナレーション調になっている。シャドーイング練習にもぜひ活用してほしい。

巻末　語彙リスト

　ユニットごとに、JLPT 日本語能力試験N3以上の語彙を基準に抽出。好きなユニットを選んで取り組めるように、「なりきりリスニング1・2・3」の主な語彙は、前のユニットに出てきた語彙も掲載している。空きスペースに必要に応じて母語訳を書いてもよい。

【別冊】解答とスクリプト

　各ユニットの会話スクリプトと、問題の解答。

著者からのメッセージ

　上記で示したように、本書では、聞く過程を強化しながら、聞いて「わかる！」という実感、会話に参加「できる！」という実感を無理なく高めていきます。現場の先生には、さらに学習者のレベルや理解度、興味に合わせた「橋渡し」をぜひ工夫していただけたらと思います。

　本書を通して、リアルな会話を聞きながら、聞く力を鍛え、日本の生活や文化を楽しく学んでください。本書を使う方々が、聞いて、理解し、会話に参加し、さらには相手から話を引き出す、「聞く達人」となることを願っています。

※本書の関連情報や参考資料、学生たちによる会話の再現録音などを、下記サイトのリンクから順次公開予定です。ご活用ください。

　https://bookclub.japantimes.co.jp/jp/book/b592860.html

音声のダウンロード方法

▶スマートフォンやタブレットから（iOS / Android）
ジャパンタイムズ出版の音声アプリ「OTO Navi」をインストールして、本書のファイルをダウンロードしてください。

▶パソコンから
以下のURLにアクセスして、Zipファイルをダウンロードしてください。
https://bookclub.japantimes.co.jp/jp/book/b592860.html

How to download the audio files

▶ Smartphone / Tablet (iOS / Android)
Install the Japan Times Publishing's OTO Navi app and use it to download the audio material.

▶ Personal computer
Access the following webpage and download the Zip files containing this textbook's audio material.
https://bookclub.japantimes.co.jp/jp/book/b592861.html

ユニット Unit **1**

みんなでたこ焼き

Takoyaki Party

このユニットを聞くときのポイント

● 聞いた情報を積み上げて、ストーリーの全体を理解する。

Figure out the whole story by using the bits of information gained as clues to what follows, and by listening to the conversation to the very end.

● 必要な情報を選んで、整理して聞く。

As you listen, pick out the necessary information and mentally sort it out.

会話を聞こう
かいわ き

◆ 話しましょう
はな

たこ焼きを食べたことがありますか。たこ焼きの作り方を知っていますか。
や た や つく かた し

◆ 聞きましょう
き

聞く前に下の「あなたカード」を読んで、「あなた」になりきって友だちの話を聞いてく
き まえ した よ とも はなし き
ださい。会話のあとで質問に答えてください。
かいわ しつもん こた

Before listening, read the あなた Card below. Then, immerse yourself in the role of あなた as you listen to your friend talk. Answer the questions that come after the conversation.

あなたは……

・親しい友だちと大学の食堂にいます。
した とも だいがく しょくどう
・友だちに最近楽しいことがあったか聞きたいです。
とも さいきんたの き
・たこ焼きが大好きです。
や だいす

たこ焼き器
や き

ことば

□たこ焼き器 octopus dumpling maker　　□わざわざ bother to　　□気づく to realize
や き き

□すごっ＝すごい

🔊 U1-01

あなた❶：最近どう？ 何か楽しいこと、あった？

友だち①：そうだねー。時々高校の時の友だちと集まってご飯を食べることがあるんだけど。

あなた❷：うん。

友だち②： 🎧 🎧 🎧 持ってきて。

あなた❸：ん、たこ焼き器？

友だち③： 🎧 🎧 🎧 けど。

あなた❹：うんうん。

友だち④： 🎧 🎧 🎧 言って。

あなた❺：あ、たこ焼き。

友だち⑤： 🎧 🎧 🎧 よ。

あなた❻：へー。

友だち⑥： 🎧 🎧 🎧 できて。

あなた❼：へー。

友だち⑦： 🎧 🎧 🎧 けど。

あなた❽：うんうん。

友だち⑧： 🎧 🎧 🎧 すごくない？

あなた❾：ははは、すごっ。

友だち⑨： 🎧 🎧 🎧 ね。

あなた❿：いいね、いいね。

友だち⑩： 🎧 🎧 🎧 ね。

◆ 質問に答えましょう

1．高校の時の友だちは何を持ってきましたか。

　　_____を持ってきました。

2．あなたは友だちの話を聞いて、すごいと思いました。どうしてですか。

　　_____たこ焼きを_____てみたのに、_____個も_____

　　からです。

3．この会話の最後に、あなたなら何と言いますか。 🔊 U1-02 で会話をもう一度最初から聞

　　いて、最後のa・bのどちらかいいほうを選んでください。

　　　　あなた⓫：〔　　a　　b　　〕

◆ もう一度全体を聞きましょう 🔊 U1-03

◆ 話しましょう

すしを食べたことがありますか。どんなすしがあるか知っていますか。①〜④のすしの写真を２枚ずつ選んでください。

① 握りずし＿＿ ＿＿　② 巻きずし＿＿ ＿＿　③ ちらしずし＿＿ ＿＿　④ 手巻きずし＿＿ ＿＿

a.	b.	c.	d.
e.	f.	g.	h.

◆ 聞きましょう

聞く前に下の「あなたカード」を読んで、「あなた」になりきって友だちの話を聞いてください。会話のあとで質問に答えてください。

Before listening, read the あなた Card below. Then, immerse yourself in the role of あなた as you listen to your friend talk. Answer the questions that come after the conversation.

あなたは……

- ・親しい友だちといっしょにカフェにいます。
- ・友だちに最近楽しいことがあったか聞きたいです。
- ・すしが大好きです。

ことば

□のり dried laver seaweed　□材料 ingredient　□わいわい cheerfully

□エビ shrimp　□きゅうり cucumber　□巻く to roll　□ながっ＝ながい

🔊 U1-04

あなた❶：最近どう？ 何か楽しいこと、あった？

友だち①：そうだねー。私さ、おすし、好きなんだけど。

あなた❷：うん。

友だち②：🎧 🎧 🎧 ね。

あなた❸：うん。

友だち③：🎧 🎧 🎧 言って。

あなた❹：うんうん。

友だち④：🎧 🎧 🎧 なって。

あなた❺：おー、手巻きずし。

友だち⑤：🎧 🎧 🎧 買ってきて。

あなた❻：へー。

友だち⑥：🎧 🎧 🎧 食べて。

あなた❼：うんうん。

友だち⑦：🎧 🎧 🎧 おいしくって。

あなた❽：いいね。

友だち⑧：🎧 🎧 🎧 長くない？

あなた❾：はははは、ながっ。

友だち⑨：🎧 🎧 🎧 ね。

あなた❿：おなかいっぱいだよね。

友だち⑩：🎧 🎧 🎧 ね。

◆ 質問に答えましょう

1．友だちはどうして手巻きずしを作ることになりましたか。

　　寮の友だちのところに＿＿＿＿＿＿から＿＿＿＿＿＿がたくさん届いたからです。

2．あなたは友だちの話を聞いて、長いと思いました。どうしてですか。

　　寮の＿＿＿＿＿＿＿＿＿＿といっしょに手巻きずしを＿＿＿＿＿＿時間も＿＿＿＿＿＿＿＿＿＿＿＿＿

　　からです。

3．この会話の最後に、あなたなら何と言いますか。🔊 U1-05 で会話をもう一度最初から聞

　　いて、最後のa・bのどちらかいいほうを選んでください。

　　　　あなた⓫：〔　　a　　b　　〕

◆ もう一度全体を聞きましょう 🔊 U1-06

なりきりリスニング **3**

◆ 聞いて確認しましょう

留学生の授業で、先生が百人一首について説明しています。説明を聞いて、①〜④に入ることばを書いてください。 🔊 **U1-07**

「百人一首」

これは百人一首のかるたです。この百人一首というのは、百人の人が作った和歌を集めたものです。800年くらい前にできました。百人の歌の中には、①＿＿＿＿＿＿＿の歌、季節の歌などがあります。昔のことばで書かれていますが、今の私たちと同じような②＿＿＿＿＿＿＿の歌がたくさんあります。

これが江戸時代にかるたというゲームになって、みんなで遊ぶようになりました。

家に百人一首のかるたがあって、家族や友だちと③＿＿＿＿＿＿＿人もいます。また、日本の学校では、百の歌を全部覚えて、かるた④＿＿＿＿＿＿＿をすることもあります。百人一首は今もずっと愛されています。

ことば

□ 和歌　a 31-syllable (5+7+5+7+7) Japanese poem

□ 江戸時代　Edo period（1603-1868）

◆ 話しましょう

百人一首はどんなゲームですか。

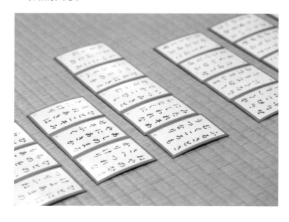

◆ 聞きましょう

聞く前に下の「あなたカード」を読んで、「あなた」になりきって友だちの話を聞いてください。会話のあとで質問に答えてください。

Before listening, read the あなた Card below. Then, immerse yourself in the role of あなた as you listen to your friend talk. Answer the questions that come after the conversation.

あなたは……

・親しい友だちといっしょに電車に乗っています。
・友だちに最近楽しいことがあったか聞きたいです。
・百人一首について聞いたことがあります。
・みんなで集まって楽しいことをするのが大好きです。

ことば

□結構　really　　□本気　seriousness
けっこう　　　　　　　ほんき

🔊 U1-08

あなた❶：最近どう？　何か楽しいこと、あった？

友だち①：うちの家族は結構、みんなゲームとか好きなんだけど。

あなた❷：うん。

　　　………

友だち⑩：🎧　🎧　🎧　やっちゃった。

◆ 質問に答えましょう

1．友だちは前に家族みんなで百人一首をしたことがありましたか。

　　〔　はい　　いいえ　〕

2．あなたは友だちの話を聞いて、すごいと思いました。どうしてですか。

　　お母さんが＿＿＿＿＿＿の時に＿＿＿＿＿＿百人一首を忘れていなかったからです。

3．この会話の最後に、あなたなら何と言いますか。🔊 U1-09 で会話をもう一度最初から聞いて、最後のa・bのどちらかいいほうを選んでください。

　　あなた⓫：〔　　a　　b　　〕

◆ もう一度全体を聞きましょう　🔊 U1-10

聞いたあとで
き

聞いて反応しよう
き　はんのう

あなたは今、友だちと話しています。友だちの話を聞いて、あなたも同じように思いました
いま　とも　　　はな　　　　　　とも　　　はなし　き　　　　　　　　　おな　　　　　おも
た。例のように、合図の音 >🔊 に続けて言ってください。
れい　　　　あいず　おと　　　　　つづ　い

You're talking with a friend now. As you listen to your friend, you feel the same way about what he/she says.
Following the example, speak your part when the chime >🔊 sounds.

（例） 🔊U1-11
れい

友だち：ゲームをね、気づいたら４時間ぐらいやってて、
とも　　　　　　　　き　　　　　じかん
　　　　長いよね。
　　　　なが
あなた：>🔊ははは、<u>ながっ</u>。

> ●何かを見たり聞いたりして強
> 　なに　み　き
> 　く感じたときや驚いたとき、
> 　　かん　　　　　おどろ
> 　い形容詞の最後の「い」が「っ」
> 　　けいようし　さいご
> 　になることがあります。
>
> 　（例）長い：なが<u>い</u> → なが<u>っ</u>

（１） 🔊U1-12

友だち：🎧　　🎧　　🎧　　。
とも
あなた：>🔊ははは、＿＿＿。

（２） 🔊U1-13

友だち：🎧　　🎧　　🎧　　。
とも
あなた：>🔊えー、＿＿＿。

（３） 🔊U1-14

友だち：🎧　　🎧　　🎧　　。
とも
あなた：>🔊ははは、＿＿＿。

（４） 🔊U1-15

友だち：🎧　　🎧　　🎧　　。
とも
あなた：>🔊えー、＿＿＿。

（５） 🔊U1-16

友だち：🎧　　🎧　　🎧　　。
とも
あなた：>🔊えー、＿＿＿。

なりきって話そう

「なりきりリスニング３」の会話に参加しましょう。「あなたカード」の内容を確認して、友だちが話したあとで、合図の音 に続けて「あなた」のパートを言ってください。

Join in the なりきりリスニング 3 conversation. First, go over the あなた Card. During the conversation, speak the part of あなた each time the chime sounds after the friend says something.

あなたは……

- 親しい友だちといっしょに電車に乗っています。
- 友だちに最近楽しいことがあったか聞きたいです。
- 百人一首について聞いたことがあります。
- みんなで集まって楽しいことをするのが大好きです。

🔊 U1-17

あなた❶：最近どう？ 何か楽しいこと、あった？

友だち①：私たちの家族は結構、みんなゲームとか好きなんだけど。

あなた❷：⇒ うん。

友だち②：🎧 🎧 🎧 あって。

あなた❸：⇒ うん。

友だち③：🎧 🎧 🎧 けど。

あなた❹：⇒ うんうん。

友だち④：🎧 🎧 🎧 言って。

あなた❺：⇒ 百人一首？

友だち⑤：🎧 🎧 🎧 うちに。

あなた❻：⇒ へー。

友だち⑥：🎧 🎧 🎧 楽しすぎて。

あなた❼：⇒ ははは。

友だち⑦：🎧 🎧 🎧 けど。

あなた❽：⇒ うん。

友だち⑧：🎧 🎧 🎧 よね。

あなた❾：⇒ えー、ながっ。

友だち⑨：🎧 🎧 🎧 よ。

あなた❿：⇒ すごいね、すごいね。

友だち⑩：🎧 🎧 🎧 やっちゃった。

あなた⓫：えー、お母さんすごいね。よく覚えてたね。

ペアで話してみよう

　Aさんは Bさんに、<u>友だちや家族などといっしょにやって楽しかったこと</u>を聞いてください。

　Bさんは、友だちや家族などといっしょにやって楽しかったことについて話してください。

　Aさんは、Bさんが話しやすいように、相づち（「うんうん」「へー」など）を打ったり質問したりしてください。

　会話の始まりと会話の終わりは、下のように言うといいです。

> **会話の始まり**

A❶：最近どう？ みんなでやって何か楽しいこと、あった？

B①：そうだねー。〔友だち／家族　など〕と、〔○○に行った／パーティーした／料理した／ゲームした　など〕。

A❷：(例)

　　　・どうだった？

　　　・どんな＿＿＿＿＿？

………

> **会話の終わり**

A　：へー、いいね。〔わたし／ぼく／おれ／自分〕も＿＿＿＿＿たいな。

リアルな会話を聞いてみよう

　大学生2人が、家族でゲームをしたことについて話しています。自然な会話を、楽しみながら聞いてください。 🔊 U1-18

ことば

□ボードゲーム　board game　　□マージャン　mahjong　　□じゃらじゃらする　to clack

□雀荘　mahjong parlor　　□深夜　late at night　　□小6　sixth grade　　□初心者　beginner

復習しよう
ふくしゅう

1 あなたは友だちと話しています。合図の音 🔊 に続けて例のように言ってください。

(例) 🔊 U1-19

　友だち：たこ焼き、全部食べたの？

　あなた：🗣 うん。全部食べちゃった。

　友だち：え、うそっ！

(1) 🔊 U1-20

　友だち：　🎧　🎧　🎧　？

　あなた：🗣 うん。本気なって＿＿。

　友だち：　🎧　🎧　🎧　。

(2) 🔊 U1-21

　友だち：　🎧　🎧　🎧　？

　あなた：🗣 うん。100個ぐらい＿＿。

　友だち：　🎧　🎧　🎧　。

(3) 🔊 U1-22

　友だち：　🎧　🎧　🎧　？

　あなた：🗣 うん。みんなで大声で

　　　　　　＿＿。

　友だち：　🎧　🎧　🎧　。

(4) 🔊 U1-23

　友だち：　🎧　🎧　🎧　？

　あなた：🗣 うん。10冊全部＿＿。

　友だち：　🎧　🎧　🎧　。

(5) 🔊 U1-24

　友だち：　🎧　🎧　🎧　？

　あなた：🗣 うん。5時間ぐらい＿＿。

　友だち：　🎧　🎧　🎧　。

2 あなたは今、友だちの話 🎧 を聞いています。友だちは何と言っていますか。文のあとの質問を聞いて、答えを選んでください。🔊 U1-25

(例) 友だち：きのうは12時まで起きてて。いつもは10時には寝るんだけど。

　→　Q：友だちはきのう、何時に寝ましたか。

　　　〔　10時　（12時）〕

(1) 🎧 〔　駅前のスーパー　家のそば　〕

(2) 🎧 〔　図書館　バイト先　〕

(3) 🎧 〔　自転車　歩いて　〕

(4) 🎧 〔　家　バイト先　〕

(5) 🎧 〔　一万円　千円　〕

3 友だちの話を聞いて、＿＿＿＿＿に入ることばを書いてください。 🔊 U1-26

（1）たこ焼きの材料、たくさんあるから、＿＿＿＿＿＿＿＿作って。

（2）夏休みになったらみんなで集まって、＿＿＿＿＿＿＿＿やるのが楽しみ。

（3）遠いところに住んでるから、おじいさんには＿＿＿＿＿＿＿＿会えなくて。

（4）いつもはお父さん、帰ってくるの遅いんだけど、きのうは＿＿＿＿＿＿＿＿早く

帰ってきて。

（5）近くの店でもジュース買えるのに、隣の駅にあるスーパーまで＿＿＿＿＿＿＿＿

買いに行っちゃった。

🎧 ≳ 聞き取りトレーニング

音声を聞いて、＿＿＿＿＿にひらがな・カタカナ・漢字のどれか1文字を書いてください。

🔊 U1-27

「百人一首」

　これは百人一首のかるたです。この百人一首というのは、百人の人が作った和歌を集めた

ものです。800年く＿＿い前にできました。百人の＿＿の中には、恋の歌、季節＿＿歌な
　　　　　　　　　①　　　　　　　　　　　②　　　　　　　　　　③

どがあります。昔の＿＿とばで書かれています＿＿、今の私たちと同じよう＿＿気持ちの歌
　　　　　④　　　　　　　　　　⑤　　　　　　　　　　　　⑥

がたくさんあります。

　これ＿＿江戸時代にかるたという＿＿ームになって、みんなで遊ぶ＿＿うになりました。
　　　⑦　　　　　　　　　　　⑧　　　　　　　　　　⑨

　家に百人一首の＿＿るたがあって、家族や＿＿だちと楽しむ人も＿＿ます。また、日本の
　　　　　　　⑩　　　　　　　　　⑪　　　　　　　　　⑫

学校＿＿は、百の歌を全部覚え＿＿、かるた大会をすること＿＿あります。百人一首は＿＿
　　⑬　　　　　　　　　⑭　　　　　　　　　　　　⑮　　　　　　　　　　　⑯

もずっと愛されています。

ユニット Unit 2
だぶった！

What? You, Too?

このユニットを聞くときのポイント

● 聞いた情報を積み上げて、ストーリーの全体を理解する。
き　　　じょうほう　　つ　あ　　　　　　　　　　　　　　　　　ぜんたい　　りかい

Figure out the whole story by using the bits of information gained as clues to what follows, and by listening to the conversation to the very end.

● 予想していなかった話の続きを聞く。
よそう　　　　　　　　　　　　はなし　　つづ　　　き

If you hear something you didn't expect, carefully listen to what follows.

会話を聞こう
かいわ　き

◆ 話しましょう
はな

　あなたの好きな食べ物は何ですか。好きな食べ物だったら、朝、昼、晩、同じものを食べ
す　た　もの　なん　　　　　す　た　もの　　　　　　　　あさ　ひる　ばん　おな　　　　　　た
ても大丈夫ですか。違う料理が食べたいですか。
だいじょうぶ　　　　ちが　りょうり　た

◆ 聞きましょう
き

　聞く前に下の「あなたカード」を読んで、「あなた」になりきって友だちの話を聞いてく
き　まえ　した　　　　　　　　　　よ　　　　　　　　　　　　　　　　　とも　　はなし　き
ださい。会話のあとで質問に答えてください。
かいわ　　　　しつもん　こた

　Before listening, read the あなた Card below. Then, immerse yourself in the role of あなた as you listen to your friend talk. Answer the questions that come after the conversation.

あなたは……

・親しい友だちと次の電車を待っています。
した　とも　　つぎ　でんしゃ　ま
・友だちの最近の話を聞きたいです。
とも　　さいきん　はなし　き

ことば

□昔から for years　　□ビーフカレー beef curry
むかし
□なつかしい good old　　□チキンカレー chicken curry　　□偶然 coincidentally
ぐうぜん

🔊 U2-01

友だち①：この間さあ、お昼にカレー食べたんだけど。

あなた❶：カレー？

友だち②：🎧　🎧　🎧　　　。

あなた❷：うん。

友だち③：🎧　🎧　🎧　行って。

あなた❸：ああ。

友だち④：🎧　🎧　🎧　けど。

あなた❹：うん。

友だち⑤：🎧　🎧　🎧　作ってて。

あなた❺：ははっ。

友だち⑥：🎧　🎧　🎧　で。

あなた❻：うん。

友だち⑦：🎧　🎧　🎧　のに。

あなた❼：うん。

友だち⑧：🎧　🎧　🎧　作ってた。

あなた❽：えー。

友だち⑨：🎧　🎧　🎧　偶然。

◆ 質問に答えましょう

1. 友だちは昼に何を食べましたか。

　　　　＿＿＿＿＿＿＿＿＿＿を食べました。

2. 同じ日に友だちのお父さんは何を作りましたか。

　　　　＿＿＿＿＿＿＿＿＿＿を作りました。

3. 友だちは何が偶然だと言っていますか。

　　昼も＿＿＿＿も＿＿＿＿＿＿＿＿＿を食べたことです。

4. この会話の最後に、あなたなら何と言いますか。🔊 U2-02 で会話をもう一度最初から聞いて、最後のa・bのどちらかいいほうを選んでください。

　　　あなた❾：〔　　a　　b　　〕

◆ もう一度全体を聞きましょう 🔊 U2-03

なりきりリスニング 2

◆ 話しましょう

あなたは家族や友だちと偶然同じものを
買ったり、同じことをしたりしたことがあ
りますか。

◆ 聞きましょう

聞く前に下の「あなたカード」を読んで、「あなた」になりきって友だちの話を聞いてく
ださい。会話のあとで質問に答えてください。

Before listening, read the あなた Card below. Then, immerse yourself in the role of あなた as you listen to your friend
talk. Answer the questions that come after the conversation.

あなたは……

・よく知っているクラスメートと授業が始まるのを待っています。

・友だちの最近の話を聞きたいです。

・友だちに服の趣味が違うお姉さんがいることを知っています。

ことば

□仕事用 for work　□趣味が違う to have different tastes　□柄 pattern　□なぞ mystery

🔊 U2-04

友だち① : 私さあ、くつした、全然持ってなくて。
_{とも} 　　　　　　　　　　　　_{ぜんぜん} _も

あなた❶ : くつした持ってないの？
　　　　　　　　　　_も

友だち② : 　の。
_{とも}

あなた❷ : うん。

友だち③ : 　　　　　　　　　　で。
_{とも}

あなた❸ : ああ。

友だち④ : 　　　　　　　　　　で。
_{とも}

あなた❹ : うん。

友だち⑤ : 　　　　　　　　　けど。
_{とも}

あなた❺ : うんうん。

友だち⑥ : 　　　　　　　　あって。
_{とも}

あなた❻ : はははははは。

友だち⑦ : 　　　　　　　　のに。
_{とも}

あなた❼ : うん。

友だち⑧ : 　　　　　　　　なる。
_{とも}

あなた❽ : ははははははは。

友だち⑨ : 　　　　　　　なぞ！
_{とも}

◆ 質問に答えましょう
　_{しつもん} _{こた}

1. 友だちは何を買いましたか。
　_{とも} _{なに} _か

　　　　　＿＿＿＿＿＿＿を買いました。
　　　　　　　　　　　　_か

2. 同じ日に友だちのお姉さんは何をしましたか。
　_{おな} _ひ _{とも} _{ねえ} _{なに}

　　　お姉さんは＿＿＿＿＿＿の＿＿＿＿＿＿を＿＿＿＿＿ました。
　　　　_{ねえ}

3. 友だちは何がなぞだと言っていますか。
　_{とも} _{なに} _い

　　　趣味の違う2人が＿＿＿＿＿＿を＿＿＿＿＿ことです。
　　　_{しゅみ} _{ちが} _{ふたり}

4. この会話の最後に、あなたなら何と言いますか。 🔊 U2-05 で会話をもう一度最初から聞
　　_{かいわ} _{さいご} _{なん} _い 　　　　　　　　　_{かいわ} _{いちど さいしょ} _き

　　いて、最後のa・bのどちらかいいほうを選んでください。
　　　_{さいご} 　　　　　　　　　　　　_{えら}

　　　あなた❾：〔　　a　　b　　〕

◆ もう一度全体を聞きましょう 🔊 U2-06
　　　_{いち ど ぜんたい} _き

◆ 聞いて確認しましょう

日本語の授業で、先生が説明をしています。先生の話を聞いて、①〜④に入ることばを書いてください。 ●》U2-07

「だぶる」ということばは、英語のダブル（double）から来たことばなんです。同じことが2つ①＿＿＿＿＿＿＿＿ことを言うんですね。

例えば、ゆみさんはケーキを買いました。同じ日にお母さんも②＿＿＿＿＿＿同じケーキを買いました。こんなとき「③＿＿＿＿＿＿！」と言います。

また、大学で単位を落として、もう一度同じ学年で勉強することを「だぶり」なんて言います。「だぶり」は、時間もお金もかかるので大変ですね。みなさんも授業はできるだけ休まないで④＿＿＿＿＿＿＿＿出席してくださいね。

◆ 話しましょう

「だぶる」はどういう意味ですか。

◆ 聞きましょう

聞く前に右の「あなたカード」を読んで、「あなた」になりきって友だちの話を聞いてください。会話のあとで質問に答えてください。

Before listening, read the あなた Card below. Then, immerse yourself in the role of あなた as you listen to your friend talk. Answer the questions that come after the conversation.

あなたは……

・親しい友だちとバスを待っています。

・友だちの最近の話を聞きたいです。

・友だちのサークルの先輩の鈴木さんと本田さんを知っています。

・パーティーが好きです。

ことば

□ だぶる（double ＋する＝同じものが２つになる、同じことが２回ある） to overlap

🔊 U2-08

友だち①：この間さあ、サークルのみんなで持ち寄りパーティーしたんだけど。

あなた❶：持ち寄りパーティー？

友だち②：▨▨▨ いっしょに。

あなた❷：うん。

　　　………

友だち⑨：▨▨▨ なぞ！

◆ 質問に答えましょう

1．友だちはパーティーに何を作りましたか。

　　＿＿＿＿＿＿＿＿＿＿＿＿を作りました。

2．先輩たちは何を持ってきましたか。

　　＿＿＿＿＿＿＿＿＿＿＿＿を持ってきました。

3．友だちは何がなぞだと言っていますか。

　　＿＿＿＿＿が＿＿＿＿＿＿＿＿＿＿＿＿＿＿＿＿を作ってきたことです。

4．この会話の最後に、あなたなら何と言いますか。🔊 U2-09 で会話をもう一度最初から聞いて、最後のa・bのどちらかいいほうを選んでください。

　　あなた❾：〔　　a　　b　　〕

◆ もう一度全体を聞きましょう 🔊 U2-10

聞いたあとで
き

聞いて反応しよう
き　　　　はんのう

　あなたは今、友だちと話しています。友だちの話を聞いて、驚いたことや気になったこと
　　　　　　いま　とも　　はな　　　　　　　とも　　はなし　き　　　　おどろ　　　　　き
を聞き返してください。例のように、合図の音  に続けて言ってください。
　き　かえ　　　　　　れい　　　　　あいず　おと　　　　つづ　　い

You're talking with a friend now. As you listen to your friend, ask about the things that surprise you or make you
wonder. Following the example, speak your part when the chime ≫🟡 sounds.

（例） 🔊 U2-11
れい

友だち：この間さあ、お昼にカレー食べたんだけど。
とも　　　　あいだ　　　ひる　　　　　た

あなた：≫🟡カレー？

友だち：うん、上にチーズがのったカレー。
とも　　　　うえ
　　　　　めっちゃ、おいしかった。

（1） 🔊 U2-12

友だち：この間さ、🎧 🎧 🎧
とも　　　　あいだ
　　　　　買ったんだけど。
　　　　　か

あなた：≫🟡＿＿＿？

友だち：うん、🎧 🎧 🎧 。
とも

（2） 🔊 U2-13

友だち：この間さ、🎧 🎧 🎧
とも　　　　あいだ
　　　　　もらったんだけど。

あなた：≫🟡＿＿＿？

友だち：うん、🎧 🎧 🎧 。
とも

（3） 🔊 U2-14

友だち：この間さ、しょうたに
とも　　　　あいだ
　　　　🎧 🎧 🎧 借りたんだけど。
　　　　　　　　　　　　　　か

あなた：≫🟡＿＿＿？

友だち：うん、🎧 🎧 🎧 。
とも

（4） 🔊 U2-15

友だち：この間さ、🎧 🎧 🎧
とも　　　　あいだ
　　　　　行ったんだけど。
　　　　　い

あなた：≫🟡＿＿＿？

友だち：うん、🎧 🎧 🎧 。
とも

（5） 🔊 U2-16

友だち：この間さ、🎧 🎧 🎧
とも　　　　あいだ
　　　　　見たんだけど。
　　　　　み

あなた：≫🟡＿＿＿？

友だち：うん、🎧 🎧 🎧 。
とも

なりきって話そう

「なりきりリスニング３」の会話に参加しましょう。「あなたカード」の内容を確認して、友だちが話したあとで、合図の音 ⋙● に続けて「あなた」のパートを言ってください。

Join in the なりきりリスニング3 conversation. First, go over the あなた Card. During the conversation, speak the part of あなた each time the chime ⋙● sounds after the friend says something.

あなたは……

- ・親しい友だちとバスを待っています。
- ・友だちの最近の話を聞きたいです。
- ・友だちのサークルの先輩の鈴木さんと本田さんを知っています。
- ・パーティーが好きです。

◖))) U2-17

友だち① : この間さあ、サークルのみんなで持ち寄りパーティーしたんだけど。

あなた❶ : 持ち寄りパーティー？

友だち② : 🎧 🎧 🎧 いっしょに。

あなた❷ : ⋙● うん。

友だち③ : 🎧 🎧 🎧 なって。

あなた❸ : ⋙● ああ。

友だち④ : 🎧 🎧 🎧 して。

あなた❹ : ⋙● うん。

友だち⑤ : 🎧 🎧 🎧 作ってきて。

あなた❺ : ⋙● え、だぶった？

友だち⑥ : 🎧 🎧 🎧 作ってきて。

あなた❻ : ⋙● えー。

友だち⑦ : 🎧 🎧 🎧 のに。

あなた❼ : ⋙● うん。

友だち⑧ : 🎧 🎧 🎧 作ってきた。

あなた❽ : ⋙● はははははは。

友だち⑨ : 🎧 🎧 🎧 なぞ！

あなた❾ : ⋙● はははは、ポテトサラダパーティーだったね。

ペアで話してみよう

AさんとBさんは共通の好きなものがありますか。

AさんはBさんに、好きなものについて聞いてください。

Bさんは、自分の好きなものについて話してください。

Aさんは、Bさんが話しやすいように、相づち（「うんうん」「へー」など）を打ったり質問したりしてください。

会話の始まりと会話の終わりは、下のように言うといいです。

会話の始まり

A❶：〔ゲーム／アニメ／ドラマ　など〕で好きなの、ある？

B①：うん、＿＿（好きなもの）＿＿が好き。Aさんは？

A❷：（例）

◆好きなものが同じとき

・〔わたし／ぼく／おれ／自分〕も＿＿（好きなもの）＿＿が好き。

・＿＿（好きなもの）＿＿の中で〔何／だれ／どれ／どの＿＿＿〕が好き？

◆好きなものが違うとき

・あ、そうなんだ。〔わたし／ぼく／おれ／自分〕は＿＿（違う好きなもの）＿＿が好きなんだけど、＿＿（Bさんが好きなもの）＿＿は、どういうところがいいの？

………

会話の終わり

A　：

◆好きなものが同じとき　　今度いっしょに＿＿＿＿＿＿たいね。

◆好きなものが違うとき　　今度＿＿＿＿＿＿てみようかな。

リアルな会話を聞いてみよう

女の人2人が、きのうあったことについて話しています。自然な会話を、楽しみながら聞いてください。 🔊 U2-18

ことば

☐ GU（＝お店の名前）shop name　☐ かぶる to overlap　☐ 入れ替わる to switch

☐ 可能性がある to be possible　☐ やばい risky

復習しよう
ふくしゅう

１ あなたは友だちと話しています。合図の音 に続けて例のように言ってください。
とも　　はな　　　あいず　おと　　　　つづ　れい　　　い

（例）))) U2-19
れい

友だち：これ、わかる？
とも

あなた： むずかしくて

〔わからない〕わかんないよ。

（３）))) U2-22

友だち： 🎧　🎧　🎧 。
とも

あなた： いいね、それ、どこで

〔売っている〕＿＿？
う

（１）))) U2-20

友だち： 🎧　🎧　🎧 ？
とも

あなた： うーん、ちょっと

〔つまらない〕＿＿。

（４）))) U2-23

友だち： 🎧　🎧　🎧 。
とも

あなた： 何時までバイト
なんじ

〔している〕＿＿？

（２）))) U2-21

友だち： 🎧　🎧　🎧 。
とも

あなた： え？１本
ほん

〔たりない〕＿＿？

（５）))) U2-24

友だち： 🎧　🎧　🎧 ？
とも

あなた： 頭痛いから、あした、
あたまいた

〔休むかもしれない〕＿＿。
やす

２ あなたは今、友だちの話を聞いています。友だちは何と言っていますか。話に合うもの
いま　とも　はなし　き　　　　　　　とも　　なん　い　　　　　　　　はなし　あ
をa～eから選んでください。))) U2-25
えら

（１）朝起きて、外見たら、〔　　　〕
あさお　　そとみ

（２）朝起きて、横見たら、〔　　　〕
あさお　　よこみ

（３）新宿行ってカフェ入ったら、〔　　　〕
しんじゅくい　　　　はい

（４）新しい時計買ったら、〔　　　〕
あたら　とけいか

（５）ベッドの下を見たら、〔　　　〕
した　み

a 　b 　c 　d 　e

3 友だちの話を聞いて、＿＿＿＿＿＿に入ることばを書いてください。))) U2-26
とも　　はなし　き　　　　　　　　　　　　　　　　はい　　　　　　　　　か

（1） しょうた、大学卒業だから、＿＿＿＿＿＿＿のかばん、プレゼントしようと思って。
　　　　　　　　だいがくそつぎょう　　　　　　　　　　　　　　　　　　　　　　　　　　　　　おも

（2） 日曜日に、クラスのみんなが集まって＿＿＿＿＿＿＿パーティーするんだ。
　　　にちよう び　　　　　　　　　　　　あつ

（3） どうしてしょうたと同じプレゼントを買ったのか、ほんとに＿＿＿＿＿＿。
　　　　　　　　　　　　おな　　　　　　　　　か

（4） さくらちゃんとくつしたが同じ色で、＿＿＿＿＿もおんなじだった。
　　　　　　　　　　　　　　　　おな　いろ

（5） 学校の前にね、＿＿＿＿＿からあるうどんやさんがあって、てんぷらうどんがおい
　　　がっこう　まえ
　　　しいんだよ。

))) 聞き取りトレーニング
　　　き　と

　　音声を聞いて、＿＿＿にひらがな・カタカナ・漢字のどれか1文字を書いてください。
　　おんせい　き　　　　　　　　　　　　　　　　　かん じ　　　　　　　も じ　か

))) U2-27

　「だぶる」ということばは、英語のダブル（double）から来たことばなんです。＿＿＿じ
　　　　　　　　　　　　　　　　えい ご　　　　　　　　　　　　　き　　　　　　　①

ことが2つ重な＿＿ことを言うんですね。＿＿とえば、ゆみさんは＿＿ーキを買いました。
　　　　　かさ　②　　　　い　　③　　　　　　　　④　　　　　か

同＿＿日にお母さんもまった＿＿同じケーキを買いました。＿＿んなとき「だぶった！」
おな⑤　ひ　　かあ　　　　　　⑥　おな　　　　か　　　　⑦

＿＿言います。
⑧　い

　また、大学＿＿単位を落として、もう一＿＿同じ学年で勉強する＿＿とを「だぶり」と言
　　　だいがく⑨　たん い　お　　　　いち⑩　おな　がくねん　べんきょう　⑪　　　　　　い

＿＿ます。「だぶり」は、時間＿＿お金もかかるので大＿＿ですね。みなさんも授＿＿は
⑫　　　　　　　　じ かん⑬　かね　　　　　たい⑭　　　　　　　　　　じゅ⑮

できるだけ休まない＿＿ちゃんと出席してくださいね。
　　　やす⑯　　　　しゅっせき

Unit 3

ユニット

健康にはスムージー
けんこう

Staying Healthy with Smoothies

このユニットを聞くときのポイント

● 聞いた情報を積み上げて、ストーリーの全体を理解する。
き　じょうほう　つ　あ　　　　　　　　　　　　　　ぜんたい　りかい

Figure out the whole story by using the bits of information gained as clues to what follows, and by listening to the conversation to the very end.

● 想像したことと異なるおもしろさを理解する。
そうぞう　　　　こと　　　　　　　　　り　かい

Recognize the interestingness of how the conversation turns out different from what you imagined.

会話を聞こう
かいわ　き

なりきりリスニング 1

◆ 話しましょう
はな

あなたは、健康のために何か運動をしていますか。
けんこう　なに　うんどう

◆ 聞きましょう
き

聞く前に下の「あなたカード」を読んで、「あなた」になりきって友だちの話を聞いてく
き　まえ　した　よ　とも　はなし　き
ださい。会話のあとで質問に答えてください。
かいわ　しつもん　こた

Before listening, read the あなた Card below. Then, immerse yourself in the role of あなた as you listen to your friend talk. Answer the questions that come after the conversation.

あなたは……

・親しい友だちと歩きながら話しています。
　した　とも　ある　はな

・健康のために何かしたいと思っています。
　けんこう　なに　おも

・友だちに、健康に気をつけていることがあるか聞きたいです。
　とも　けんこう　き　き

・スポーツをするときのくつや服に興味があります。
　ふく　きょうみ

ことば

□意外と　unexpectedly　　□体に悪い　bad for the health　　□習慣　custom; habit
　いがい　　　　　　　　　　　からだ　わる　　　　　　　　　　しゅうかん

🔊 U3-01

あなた❶：あのさー、なんか、健康に気をつけてることとかってある？
　　　　　　　　　　　　　けんこう　き

友だち①：健康のために気をつけてること？
とも　　　けんこう　　　き

あなた❷：うん。

友だち②：〔🎧　🎧　🎧〕してる。
とも

あなた❸：ランニングね、いいね。

友だち③：〔　🎧　🎧　🎧　〕ね。

あなた❹：はいはい。

友だち④：〔　🎧　🎧　🎧　〕かな。

あなた❺：へー。

友だち⑤：〔　🎧　🎧　🎧　〕。

あなた❻：うん、体に悪い。

友だち⑥：〔　🎧　🎧　🎧　〕そう。

あなた❼：あー、たしかに。

友だち⑦：〔　🎧　🎧　🎧　〕かな。

あなた❽：はいはいはい。

あー、それ大事だよね。

毎日の習慣から、健康に気をつける。

友だち⑧：〔　🎧　🎧　🎧　〕そう。

あなた❾：あれは、シューズとかは？

友だち⑨：〔　🎧　🎧　🎧　〕

かなって。

あなた❿：あー、やる気、大事だよね。

友だち⑩：〔　🎧　🎧　🎧　〕から。

あなた⓫：はいはいはい。

友だち⑪：〔　🎧　🎧　🎧　〕。

あなた⓬：それ、いいね。

で、毎日履いてる？

友だち⑫：〔　🎧　🎧　🎧　〕。

あなた⓭：あははは、なんで？

友だち⑬：〔　🎧　🎧　🎧　〕

飾ってる。

◆ 質問に答えましょう

1. 友だちは健康のために、何をしていますか。

　　毎朝＿＿＿＿＿＿＿＿＿＿をしています。

2. 友だちのそれまでの生活はどうでしたか。

　　a. 一日中勉強していました。

　　b. 何もしないで寝ていました。

3. 友だちはどんなシューズを履いていますか。

　　＿＿＿＿＿＿＿＿＿て、＿＿＿＿＿＿＿シューズです。

4. 友だちは毎日そのシューズを履いていますか。どうしてですか。

　　〔　はい　　いいえ　〕＿＿＿＿＿＿＿からです。

5. この会話の最後に、あなたなら何と言いますか。 🔊U3-02 で会話をもう一度最初から聞いて、最後のa・bのどちらかいいほうを選んでください。

　　あなた⓮：〔　a　　b　〕

◆ もう一度全体を聞きましょう 🔊U3-03

◆ 話しましょう

あなたは運動をするとき、一人のほうがいいですか。だれかいっしょにする人や、教えてくれる人がいたほうがいいですか。

a. 一人でする　　b. 友だちや家族とする　　c. トレーナーとする　　d. 運動はしない

◆ 聞きましょう

聞く前に下の「あなたカード」を読んで、「あなた」になりきって友だちの話を聞いてください。会話のあとで質問に答えてください。

Before listening, read the あなた Card below. Then, immerse yourself in the role of あなた as you listen to your friend talk. Answer the questions that come after the conversation.

あなたは……

- 親しい友だちといっしょに電車に乗っています。
- 健康のために何かしたいと思っています。
- 友だちに、健康に気をつけていることがあるか聞きたいです。
- トレーナーとトレーニングするほうがいいと思っています。

ことば

□ 体を動かす　to exercise　　□ トレーナー　trainer　　□ やる気が出る　to become motivated

---

◦)) U3-04

あなた❶：あのさー、なんか、健康に気をつけてることとかってある？

友だち①：健康のために気をつけてること？

あなた❷：うん。

友だち②：　🎧　🎧　🎧　　してる。

あなた❸：ジムね、いいね。

友だち③：　🎧　🎧　🎧　　思って。

あなた❹：はいはい。

友だち④：🎧　🎧　🎧

　　　　　いいかな。

あなた❺：へー。

友だち⑤：🎧　🎧　🎧　　して。

あなた❻：はいはい、動かない。

友だち⑥：　🎧　🎧　🎧　　そう。

あなた❼：あー、たしかに。

友だち⑦：　🎧　🎧　🎧

　　　　　てるかな。

あなた❽：あー、それ大事だよね。

　　　　　体動かして、健康に気をつける。

友だち⑧：🎧　🎧　🎧　　そう。

あなた❾：あれは、トレーナーとかは？

友だち⑨：🎧　🎧　🎧

　　　　　かなって。

あなた❿：あー、やる気、出るよね。

友だち⑩：　🎧　🎧　🎧　　から。

あなた⓫：はいはいはい。

友だち⑪：　🎧　🎧　　。

あなた⓬：そうそう、楽しいよね。

　　　　　で、健康になった？

友だち⑫：　🎧　🎧　　。

あなた⓭：あははは、なんで？

友だち⑬：　🎧　🎧　🎧　　から。

◆ 質問に答えましょう

1. 友だちは健康のために、何をしていますか。

　　＿＿＿＿＿＿＿＿に行っています。

2. 友だちのそれまでの生活はどうでしたか。

　　a. 何もしないで寝ていました。

　　b. アニメを見たりゲームをしたりしていました。

3. 友だちはどうしたらやる気が出ると言っていますか。

　　＿＿＿＿＿＿＿＿＿＿＿＿＿＿たら、やる気が出ると言っています。

4. 友だちは健康になりましたか。どうしてですか。

　　〔　はい　　いいえ　〕＿＿＿＿＿＿＿＿＿＿＿＿からです。

5. この会話の最後に、あなたなら何と言いますか。 🔊U3-05 で会話をもう一度最初から聞いて、最後のa・bのどちらかいいほうを選んでください。

　　あなた⓮：〔　　a　　b　　〕

◆ もう一度全体を聞きましょう 🔊U3-06

◆ 聞いて確認しましょう

テレビでスムージーを紹介しています。説明を聞いて、①〜④に入ることばを書いてください。 ◍) U3-07

　みなさん、今、話題のスムージー、知っていますか。スムージーというのは、野菜や果物で作った飲み物です。なめらかで飲みやすく、野菜や①＿＿＿＿＿＿＿の栄養をたくさんとることができます。もともとはアメリカで②＿＿＿＿＿＿＿＿＿＿と広がったんですが、日本でも2010年ごろから、モデルやタレントの間で③＿＿＿＿＿が出てきました。最近は、コンビニでもいろいろなスムージーを見かけるようになりました。SNSでも、おしゃれで④＿＿＿＿＿にいいと話題で、飲む人が増えています。

◆ 話しましょう

　あなたは健康のために、食べるもの、飲むものについて何か気をつけていることがありますか。

a. 毎朝、水を飲む　　　　　　　b. 自分で作った弁当を食べる

c. 毎朝、納豆を食べる　　　　　d. 肉ではなく、魚を食べる

◆ 聞きましょう

　聞く前に右の「あなたカード」を読んで、「あなた」になりきって友だちの話を聞いてください。会話のあとで質問に答えてください。

Before listening, read the あなた Card below. Then, immerse yourself in the role of あなた as you listen to your friend talk. Answer the questions that come after the conversation.

あなたは……

- 友だちと食堂でごはんを食べながら話しています。
- 健康のために何かしたいと思っています。
- 友だちに、健康に気をつけていることがあるか聞きたいです。
- スムージーは体によくておしゃれだと思っています。

ことば

□スムージー　smoothie　□調子がいい　to be in good shape　□朝（ごはん）を抜く　to skip breakfast　□めっちゃ　very　□バランスが悪い　to be unbalanced

♪) U3-08

あなた❶：あのさー、なんか、健康に気をつけてることとかってある？

友だち①：健康のために気をつけてること？

あなた❷：うん。

………

友だち⑬：🎧　🎧　🎧　わ。

◆ 質問に答えましょう

1．友だちは健康のために、何をするようにしていますか。

_____を_____ようにしています。

2．友だちは、前はどのように食べていましたか。

　　a. 朝も昼も夜もたくさん食べていました。

　　b. 朝は食べないで、昼はたくさん食べていました。

3．友だちは、ほかにどんなことをするようにしていますか。

_____ようにしてます。

4．友だちはやせましたか。太りましたか。

　　〔　やせました　　太りました　　〕

5．この会話の最後に、あなたなら何と言いますか。**♪) U3-09**で会話をもう一度最初から聞いて、最後のa・bのどちらかいいほうを選んでください。

　　あなた⓮：〔　　a　　b　　〕

◆ もう一度全体を聞きましょう **♪) U3-10**

聞いたあとで
き

聞いて反応しよう
き　　はんのう

　あなたは今、友だちと話しています。友だちの話を聞いて、あなたも同じように思いました。例のように、合図の音 >◉ に続けて言ってください。
いま　とも　　はな　　とも　　はなし　き　　　　　　　　おな　　　　　　　　おも
れい　　　　　　あい ず　おと　　　つづ　い

You're talking with a friend now. As you listen to your friend, you feel the same way about what he/she says. Following the example, speak your part when the chime >◉ sounds.

（例）))) U3-11
れい

友だち：野菜をね、食べると、体の調子がよくなる。
とも　　　やさい　　　た　　　　からだ　ちょうし　　　　　　

あなた：>◉ そうそう、よくなる。

> ● 友だちの話を聞いて、あなたも同
> とも　　はなし　き　　　　　　　おな
> じように思ったとき、「そうそう」
> 　　　　　おも
> と言って相手の言ったことをくり
> い　　あいて　い
> 返すと、「同じ気持ちだ」というこ
> かえ　　　おな　きも
> とを伝えることができます。
> つた

（1）))) U3-12

友だち：　🎧　🎧　🎧　。
とも

あなた：>◉ ＿＿＿。

（2）))) U3-13

友だち：　🎧　🎧　🎧　。
とも

あなた：>◉ ＿＿＿。

（3）))) U3-14

友だち：　🎧　🎧　🎧　。
とも

あなた：>◉ ＿＿＿。

（4）))) U3-15

友だち：　🎧　🎧　🎧　。
とも

あなた：>◉ ＿＿＿。

（5）))) U3-16

友だち：　🎧　🎧　🎧　。
とも

あなた：>◉ ＿＿＿。

なりきって話そう
はな

　「なりきりリスニング3」の会話に参加しましょう。「あなたカード」の内容を確認して、友だちが話したあとで、合図の音 >◉ に続けて「あなた」のパートを言ってください。
かいわ　さんか　　　　　　　　ないよう　かくにん
とも　　はな　　　　　　あい ず　おと　　つづ　　　　　　　　　　い

　Join in the なりきりリスニング3 conversation. First, go over the あなた Card. During the conversation, speak the part of あなた each time the chime >◉ sounds after the friend says something.

あなたは……

- 友だちと食堂でごはんを食べながら話しています。
- 健康のために何かしたいと思っています。
- 友だちに、健康に気をつけていることがあるか聞きたいです。
- スムージーは体によくておしゃれだと思っています。

🔊 U3-17

あなた❶：あのさー、なんか、健康に気をつけてることとかってある？

友だち①：健康のために気をつけてること？

あなた❷：》うん。

友だち②：🎧 🎧 🎧 してる。

あなた❸：》あ、スムージーね、おしゃれだね。

友だち③：🎧 🎧 🎧 ね。

あなた❹：》はいはい。

友だち④：🎧 🎧 🎧 かな。

あなた❺：》へー。

友だち⑤：🎧 🎧 🎧 食べて。

あなた❻：》はいはい。バランス悪い。

友だち⑥：🎧 🎧 🎧 そう。

あなた❼：》まあ、たしかにねー。

友だち⑦：🎧 🎧 🎧 かな。

あなた❽：》あー、それ、大事だよね。
　　　　食事から気をつける。

友だち⑧：🎧 🎧 🎧 そう。

あなた❾：》あれは、運動とかは？

友だち⑨：🎧 🎧 🎧 けど。

あなた❿：》あー、それ、いい運動だね。

友だち⑩：🎧 🎧 🎧 から。

あなた⓫：》はいはい。

友だち⑪：🎧 🎧 🎧 よ。

あなた⓬：》そうそう、気持ちいいよね。
　　　　で、やせた？

友だち⑫：🎧 🎧 🎧 やばい。

あなた⓭：》あはは、なんで？

友だち⑬：🎧 🎧 🎧 わ。

あなた⓮：》あはは、もっと運動しなくちゃ。

ペアで話してみよう

Aさんは Bさんに、健康のためにしていることについて聞いてください。

Bさんは、健康のためにしていることについて話してください。

Aさんは、Bさんが話しやすいように、相づち（「うんうん」「へー」など）を打ったり質問したりしてください。

会話の始まりと会話の終わりは、下のように言うといいです。

会話の始まり

A❶：あのさー、なんか、健康に気をつけてることとかってある？

B①：健康のために気をつけてること？

A❷：うん。

B②：あー、あのねー、____________ようにしてる。

A❸：（例）

・なんで？

・いつから？

・それって本当にいい？

………

会話の終わり

A　：へー、いいね。〔わたし／ぼく／おれ／自分〕も________てみようかな。

へー、いいね。でも、〔わたし／ぼく／おれ／自分〕も________はむりかな。

リアルな会話を聞いてみよう

大学生２人が、健康に気をつけていることについて話しています。自然な会話を、楽しみながら聞いてください。 U3-18

ことば

□学部 faculty　□気をつかう to be careful　□日々 day-to-day

復習しよう
ふくしゅう

1 あなたは友だちと話しています。友だちの話を聞いて、アドバイスをしてください。合図の音 ◗● に続けて例のように言ってください。

（例1） ◗)U3-19

友だち：朝ごはんは食べない。

あなた：◗●少しは〔食べなくては
いけません〕食べなくちゃ。
た

（例2） ◗)U3-20

友だち：お菓子、もっと食べたい！
かし　た

あなた：◗●そんなにいっぱい〔食べては
た
いけません〕食べちゃいけない。
た

（1） ◗)U3-21

友だち：🎧　🎧　🎧　　。
とも

あなた：◗●体によくないよ。そんなにたくさ
からだ
ん〔飲んではいけません〕＿＿。
の

（2） ◗)U3-22

友だち：🎧　🎧　🎧　　。
とも

あなた：◗●それはよくないよ。少しは〔体を
すこ　からだ
動かさなくてはいけません〕＿＿。
うご

（3） ◗)U3-23

友だち：🎧　🎧　🎧　🎧　　。
とも

あなた：◗●初めから、あんまり
はじ
〔無理してはいけません〕＿＿。
むり

（4） ◗)U3-24

友だち：🎧　🎧　🎧　　。
とも

あなた：◗●朝まで？　ちゃんと
あさ
〔寝なくてはいけません〕＿＿。
ね

（5） ◗)U3-25

友だち：🎧　🎧　🎧　　。
とも

あなた：◗●毎日続けることが大切だよ。
まいにちつづ　たいせつ
〔休んではいけません〕＿＿。
やす

2 あなたは今、友だちと話しています。友だちの話 🎧 とa・bの文を聞いて、話に合うほうを選んでください。◗)U3-26
いま　とも　はなし　とも　はなし　ぶん　き　はなし　あ
えら

（例） 友だち：これから、朝ね、ちゃんと起きて、外、走ろうと思って。
れい　とも　あさ　お　そと　はし　おも

あなた：えー、すごい。じゃあ、毎日続けてるの？
まいにちつづ

友だち：いや、1日でやめた。
とも　にち

〔　a. 友だちは毎日走っています。　(b.) 友だちは毎日走っていません。　〕
とも　まいにちはし　とも　まいにちはし

（1） 友だち：🎧　🎧　🎧　　。
とも

あなた：えー、えらい。そうだよね。健康のために、大事だよね。
けんこう　だいじ

友だち：🎧　🎧　🎧　　。
とも

〔　a　　b　〕

047

（2）友だち： 🎧 🎧 🎧 。

あなた：へー。そのほうがきっと

　　　　体にいいよね。

友だち： 🎧 🎧 🎧 。

〔 a　b 〕

（3）友だち： 🎧 🎧 🎧 。

あなた：えー、すごい。でも、

　　　　毎日行くの、大変でしょ？

友だち： 🎧 🎧 🎧 。

〔 a　b 〕

（4）友だち： 🎧 🎧 🎧 。

あなた：おー、えらい。じゃあ、

　　　　毎日自分で作ってるの？

友だち： 🎧 🎧 🎧 。

〔 a　b 〕

（5）友だち： 🎧 🎧 🎧 。

あなた：へー、いいね。健康、考えてる

　　　　ね。じゃあ、毎日飲んでるんだ。

友だち： 🎧 🎧 🎧 。

〔 a　b 〕

３ 友だちの話を聞いて、＿＿＿＿＿＿に入ることばを書いてください。))) U3-27

（1）みんなに「がんばれ」って言われると、なんか＿＿＿＿＿＿＿が出るよね。

（2）寒いときは、体を少し＿＿＿＿＿＿＿と温かくなるよ。

（3）緑色のスムージー、おいしくないかと思ったけど、＿＿＿＿＿＿＿おいしかった。

（4）毎朝、１時間歩くのが＿＿＿＿＿＿＿なんだ。

（5）今日は、寝坊して朝ごはん＿＿＿＿＿＿＿から、元気出ないんだ。

🎧≫ 聞き取りトレーニング

音声を聞いて、＿＿＿＿にひらがな・カタカナ・漢字のどれか１文字を書いてください。

))) U3-28

みなさん、今、話題のスムージー、知っていますか。＿＿ムージーというのは、＿＿菜や
　　　　　　　　　　　　　　　　　　　　　　　①　　　　　　　　②

果物で作った飲み＿＿です。なめらかで飲み＿＿すく、野菜や果物の＿＿養をたくさんと
　　　　　　③　　　　　　　　　④　　　　　　　　　　　⑤

ること＿＿できます。もともと＿＿アメリカで体にいいと＿＿がったんですが、日本＿＿
　　　⑥　　　　　　　　⑦　　　　　　　　　　　⑧　　　　　　　　⑨

も２０１０年ごろから、モデ＿＿やタレントの間で人＿＿が出てきました。
　　　　　　　　　　　⑩　　　　　　　　　⑪

最＿＿は、コンビニでもいろいろ＿＿スムージーを見かける＿＿うになりました。SNS
　⑫　　　　　　　　　　　⑬　　　　　　　　　⑭

で＿＿、おしゃれで健康にいいと＿＿題で、飲む人が増えています。
　⑮　　　　　　　　　　⑯

ユニット Unit 4
桜の下でランニング
さくら　　した

Running under the Cherry Blossoms

このユニットを聞くときのポイント

● 話の展開を予測しながら聞いて理解する。
はなし　てんかい　よそく　　　　　　き　　　りかい

As you listen, try to anticipate what comes next so that you can better understand the conversation.

● 話の流れの中で、誘われていることを理解する。
はなし　なが　なか　さそ　　　　　　　　　　りかい

Try to understand what you're being invited to do by following the flow of the conversation.

会話を聞こう
かいわ　　　き

なりきりリスニング 1

◆ 話しましょう
　はな

次の夏休みに何がしたいですか。
つぎ　なつやす　　なに

◆ 聞きましょう
　き

聞く前に下の「あなたカード」を読んで、「あなた」になりきって後輩の話を聞いてくだ
き　まえ　した　　　　　　　　　　　　　　　　　　よ　　　　　　　　　　　　　　　　　　　　　　　　　こうはい　はなし　き
さい。会話の途中と最後の質問に答えてください。
　　かいわ　　とちゅう　さいご　しつもん　こた

Before listening, read the あなた Card below. Then, immerse yourself in the role of あなた as you listen to the junior member talk. Answer the questions that come during and after the conversation.

あなたは……

・サークルのミーティングのあと、後輩と話しています。
　　　　　　　　　　　　　　　　　　こうはい　はな

・もうすぐ夏休みです。夏休みにどこかへ行きたいと思っています。
　　　　なつやす　　　　なつやす　　　　　　　い　　　　　おも

・後輩に、夏休みに何か計画があるか聞きたいです。
　こうはい　なつやす　なに　けいかく　　　　き

・海が大好きです。
　うみ　だいす

ことば

□地元　local　　□土日　Saturday and Sunday　　□めっちゃ　very
　じもと　　　　　　　どにち

🔊 U4-01

あなた❶：もうすぐ、夏休みだね。
　　　　　　　　　　　　なつやす

後　輩①：そうですね。
こう　はい

あなた❷：何か計画ある？
　　　　　なん　けいかく

050

後輩②：　🎧　🎧　🎧　　よね。

あなた❸：へー。

後輩③：　🎧　🎧　🎧　　けど──

あなた❹：うんうん。

後輩④：　🎧　🎧　🎧　　行きます。

あなた❺：へー。

後輩⑤：　🎧　🎧　🎧　と──

あなた❻：海で泳いだりとか？

後輩⑥：　🎧　🎧　🎧
　　　　　泳げるんです。

あなた❼：へー。

後輩⑦：　🎧　🎧　🎧　とか。

あなた❽：うん、釣りね。

後輩⑧：　🎧　🎧　🎧　けど。

あなた❾：ああ。

後輩⑨：　🎧　🎧　🎧　は──

あなた❿：うん。

後輩⑩：〔　　a　　b　　〕

◆ **質問に答えましょう（1）**
　　後輩⑩は何と言うと思いますか。どちらかいいほうを選んでください。

◆ **🔊U4-02** で、会話の続きを後輩⑨から聞きましょう

あなた⓫：へー、そうなんだ。

後輩⑪：　🎧　🎧　🎧　　よ。

あなた⓬：へー、いいね、いいね。

後輩⑫：　🎧　🎧　🎧　か。

あなた⓭：えっ、いいの？　あ、どこだったっけ。

後輩⑬：　🎧　🎧　🎧　です。

あなた⓮：あー、はいはいはいはい、鎌倉ね。

後輩⑭：　🎧　🎧　🎧　　よ。

鎌倉
かまくら

◆ **質問に答えましょう（2）**

1. この会話の最後に、あなたなら何と言いますか。**🔊U4-03** で会話をもう一度最初から聞いて、最後のa・bのどちらかいいほうを選んでください。

　　　あなた⓯：〔　　a　　b　　〕

2. あなたは後輩とどんな約束をしましたか。

　　＿＿＿＿＿＿＿で、＿＿＿＿＿＿＿約束をしました。

◆ **もう一度全体を聞きましょう** **🔊U4-04**

◆ 話しましょう

冬に何がしたいですか。何か予定がありますか。

◆ 聞きましょう

聞く前に下の「あなたカード」を読んで、「あなた」になりきって後輩の話を聞いてください。会話の途中と最後の質問に答えてください。

Before listening, read the あなた Card below. Then, immerse yourself in the role of あなた as you listen to the junior member talk. Answer the questions that come during and after the conversation.

あなたは……

- ・後輩と、電車の中で話しています。
- ・もうすぐ冬休みです。冬休みにどこかへ行きたいと思っています。
- ・後輩に、冬休みにどこに行くか聞きたいです。
- ・スキーが大好きです。

ことば

□スキー場 ski resort　□滑る＝スキーをする

🔊 U4-05

あなた❶：もうすぐ冬休みだね。

後　輩①：そうですね。

あなた❷：何か予定、ある？

後　輩②：🎧　🎧　🎧　よね。

あなた❸：へー。

後　輩③：🎧　🎧　🎧　けど。

あなた❹：うんうん。

後　輩④：🎧　🎧　🎧　します。

あなた❺：え、スキー教室の先生とか？

後輩⑤：🎧　🎧　🎧　教えてます。

あなた❻：え、子どもたちに。

後輩⑥：🎧　🎧　🎧　よ。

あなた❼：へえ。

後輩⑦：🎧　🎧　🎧　けど。

あなた❽：ああ。

後輩⑧：🎧　🎧　🎧　ね——

あなた❾：うん。

後輩⑨：〔　　a　　b　　〕

◆ 質問に答えましょう（1）

　　後輩⑨は何と言うと思いますか。どちらかいいほうを選んでください。

◆ 🔊U4-06 で、会話の続きを後輩⑧から聞きましょう

あなた❿：あっ、本当？　ふーん。

後輩⑩：🎧　🎧　🎧　よ。

あなた⓫：へー、いいね。

後輩⑪：🎧　🎧　🎧　か。

あなた⓬：えっ、いいの？ えっ、どこどこ、どこだった？

後輩⑫：🎧　🎧　🎧　です。

あなた⓭：はいはいはい。

後輩⑬：🎧　🎧　🎧　から。

◆ 質問に答えましょう（2）

1．この会話の最後に、あなたなら何と言いますか。 🔊U4-07 で会話をもう一度最初から聞いて、最後のa・bのどちらかいいほうを選んでください。

　　　あなた⓮：〔　　a　　b　　〕

2．あなたは後輩とどんな約束をしましたか。

　　＿＿＿＿＿＿＿＿へ行って＿＿＿＿＿＿＿＿をする約束をしました。

◆ もう一度全体を聞きましょう 🔊U4-08

◆ 聞いて確認しましょう
き　かくにん

交流会で日本の学生が留学生に説明をしています。説明を聞いて、①〜④に入ることばを
こうりゅうかい　にほん　がくせい　りゅうがくせい　せつめい　　　　　　　　せつめい　き
書いてください。　🔊 U4-09
か

みなさんは春になるころ、何か特別なことをしますか。日本では、桜の季節が近づくと、
　　　　　はる　　　　　なに　とくべつ　　　　　　　　　にほん　　　さくら　きせつ　ちか

お店に桜の①_____がたくさん出てくるんです。ぼくも、そういうのをとても
みせ　さくら

楽しみにしています。桜のアイスクリームや桜のケーキもありますし、桜の紅茶や、桜の
たの　　　　　　　　　さくら　　　　　　　　さくら　　　　　　　　　さくら　こうちゃ　さくら

②_____や文房具なんかもあって、見ているだけで本当に楽しいです。お店の
　　　　　　　　　ぶんぼうぐ　　　　　　　　　み　　　　　　　ほんとう　たの　　　　みせ

中でも③_____をしているような気持ちになります。みなさんの国にも、
なか　　　　　　　　　　　　　　　　　　　　　　　きも　　　　　　　　　　　　くに

季節に合わせた商品がありますか。ぜひ、桜の季節には、桜の花はもちろん、春だけの
きせつ　あ　　しょうひん　　　　　　　　　さくら　きせつ　　さくら　はな　　　　　　　はる

④_____桜の商品も楽しんでみてください。
さくら　しょうひん　たの

◆ 話しましょう
はな

日本で桜の季節にどんなことをすると思いますか。
にほん　さくら　きせつ　　　　　　　　　　　　おも
あなたは桜の季節に何をしてみたいですか。
さくら　きせつ　なに

◆ 聞きましょう
き

聞く前に右の「あなたカード」を読んで、「あなた」になりきって後輩の話を聞いてくだ
き　まえ　みぎ　　　　　　　　　　　　　よ　　　　　　　　　　　　　　こうはい　はなし　き
さい。会話の途中と最後の質問に答えてください。
かいわ　とちゅう　さいご　しつもん　こた

Before listening, read the あなた Card below. Then, immerse yourself in the role of あなた as you listen to the junior member talk. Answer the questions that come during and after the conversation.

あなたは……

- 日本人の後輩と道を歩きながら話しています。
- 桜の季節になりました。桜を見たいと思っています。
- 後輩に、桜の季節にお花見に行くか聞きたいです。

ことば
□ランニング　running

🔊 U4-10

あなた❶：そろそろ、桜咲くね。

後　輩①：そうですね。

あなた❷：お花見行ったりする？

………

後　輩⑨：ね──

あなた❿：うん。

後　輩⑩：〔　　a　　b　　〕

◆ **質問に答えましょう（1）**

後輩⑩は何と言うと思いますか。どちらかいいほうを選んでください。

◆ 🔊 U4-11 で、会話の続きを後輩⑨から聞きましょう

………

後　輩⑭：よ。

◆ **質問に答えましょう（2）**

1. この会話の最後に、あなたなら何と言いますか。🔊 U4-12 で会話をもう一度最初から聞いて、最後のa・bのどちらかいいほうを選んでください。

　　　　あなた⓯：〔　　a　　b　　〕

2. あなたは後輩とどんな約束をしましたか。

　　_____で_____をする約束をしました。

◆ **もう一度全体を聞きましょう** 🔊 U4-13

聞いたあとで
き

聞いて反応しよう
き　　　　はんのう

あなたは今、友だちと話しています。友だちの話を聞いて、そうしたいと思いました。例
いま　とも　　　　はな　　　　　とも　　　　はなし　き　　　　　　　　　　　　おも　　　　　　れい
のように、合図の音 ⁚● にくり返しましょう。
　　　　あいず　おと　　　　　かえ

You're talking with a friend now. As you listen to your friend, you feel that you want to do what he/she is talking about. Following the example, speak your part when the chime ⁚● sounds.

（例）))) U4-14
れい

◆いっしょに歩きながら
　　　　　ある

友だち：駅前に新しいラーメン屋、できたよね。
とも　　えきまえ　あたら　　　　　　　や
　　　　　今度行かない？
　　　　　こんど い

あなた：⁚●おー、いいね。行こう行こう。
　　　　　　　　　　　　　　い　　　い

> ●相手の話を聞いて、そうしたいと思っ
> 　あいて　はなし　き　　　　　　　　　　おも
> たとき、「行こう行こう」のように同
> 　　　　　い　　　い　　　　　　　　おな
> じことばを2回続けて言うことがあり
> 　　　　かいつづ　　い
> ます。2回言うことで、「とてもそう
> 　　　　かいい
> したい」という気持ちを伝えます。
> 　　　　　　　　きも　　つた

（1）))) U4-15

◆お店でメニューを見ながら
　　みせ　　　　　　　　み

友だち：［🎧　🎧　🎧］？
とも

あなた：⁚●おー、いいね。＿＿＿。

（2）))) U4-16

◆アニメのリストを見ながら
　　　　　　　　　　み

友だち：［🎧　🎧　🎧］？
とも

あなた：⁚●おー、いいね。＿＿＿。

（3）))) U4-17

◆料理の本を見ながら
　りょうり　ほん　み

友だち：［🎧　🎧　🎧］？
とも

あなた：⁚●おー、いいね。＿＿＿。

（4）))) U4-18

◆いっしょに歩きながら
　　　　　ある

友だち：［🎧　🎧　🎧］？
とも

あなた：⁚●おー、いいね。＿＿＿。

（5）))) U4-19

◆パーティーのためにスーパーで買い物を
　　　　　　　　　　　　　　　　　か　もの
しながら

友だち：［🎧　🎧　🎧］？
とも

あなた：⁚●おー、いいね。＿＿＿。

なりきって話そう

「なりきりリスニング3」の会話に参加しましょう。「あなたカード」の内容を確認して、友だちが話したあとで、合図の音 ≋◗ に続けて「あなた」のパートを言ってください。

Join in the なりきりリスニング3 conversation. First, go over the あなた Card. During the conversation, speak the part of あなた each time the chime ≋◗ sounds after the friend says something.

あなたは……

- 日本人の後輩と道を歩きながら話しています。
- 桜の季節になりました。桜を見たいと思っています。
- 後輩に、桜の季節にお花見に行くか聞きたいです。

🔊 U4-20

あなた❶：そろそろ、桜咲くね。

後　輩①：そうですね。

あなた❷：≋◗お花見行ったりする？

後　輩②：🎧 🎧 🎧　好きで。

あなた❸：≋◗わたしも。

後　輩③：🎧 🎧 🎧　けど。

あなた❹：≋◗うんうん。

後　輩④：🎧 🎧 🎧
　　　　　　行きます。

あなた❺：≋◗へー。

後　輩⑤：🎧 🎧 🎧　と――

あなた❻：≋◗桜の木の下とか。

後　輩⑥：🎧 🎧 🎧
　　　　　　咲いてる。

あなた❼：≋◗気持ちいい、うん。

後　輩⑦：🎧 🎧 🎧　とか。

あなた❽：≋◗うん。

後　輩⑧：🎧 🎧 🎧　けど――

あなた❾：≋◗ああ。

後　輩⑨：🎧 🎧 🎧　はね――

あなた❿：≋◗うん。

後　輩⑩：🎧 🎧 🎧　ので。

あなた⓫：≋◗あっ、本当？　ふーん。

後　輩⑪：🎧 🎧 🎧
　　　　　　楽しいです。

あなた⓬：≋◗へー、じゃあ、
　　　　　　やってみたいな。

後　輩⑫：🎧 🎧 🎧　よ。

あなた⓭：≋◗えっ、いいの？　えっ、
　　　　　　どこどこ、どこだったっけ。

後　輩⑬：🎧 🎧 🎧　近くの。

あなた⓮：≋◗はいはいはい。

後　輩⑭：🎧 🎧 🎧　よ。

あなた⓯：≋◗おー、ぜひぜひ。

ペアで話してみよう

ＡさんはＢさんに、春／夏／秋／冬に行きたいところについて聞いてください。

Ｂさんは、春／夏／秋／冬に行きたいところについて話してください。

Ａさんは、Ｂさんが話しやすいように、相づち（「うんうん」「へー」など）を打ったり質問したりしてください。

会話の始まりと会話の終わりは、下のように言うといいです。

> 会話の始まり

Ａ❶：もうすぐ〔春休み／夏休み／秋休み／冬休み〕だね。

Ｂ①：そうだね。

Ａ❷：〔春／夏／秋／冬〕に行きたいところ、ある？

Ｂ②：うん。＿＿＿＿＿＿＿かな。

Ａ❸：(例)

・どうして？

・だれと？

・どうやって行く？

………

> 会話の終わり

Ａ　：いいね。行きたいな。／いいね。行けるといいね。

リアルな会話を聞いてみよう

先輩と後輩が桜について話しています。自然な会話を、楽しみながら聞いてください。

🔊 U4-21

ことば

□時期 season　□昼間 daytime　□ひとりじめ monopolizing　□駒込：東京にある街。桜の名所がある　□山手線：東京を環状に走る電車の路線　□東大＝東京大学

復習しよう
ふくしゅう

❶あなたは先輩です。後輩と話しています。合図の音 🗣 に続けて例のように言ってください。
せんぱい　　　　こうはい　はな　　　　　　　　あいず　おと　　　つづ　　れい　　　　　い

さい。

(例1) 🔊 U4-22
れい

　　後　輩：日曜日も、アルバイト <u>して</u> いますか。
　　こう　はい　にちようび

　　あなた：🗣 うん、<u>してる</u>よ。

(例2) 🔊 U4-23
れい

　　後　輩：この話、<u>聞いて</u> いますか。
　　こう　はい　　　はなし　　き

　　あなた：🗣 いや、<u>聞いて</u>ない。
　　　　　　　　　　　　　き

(3) 🔊 U4-26

　　後　輩：🎧　🎧　🎧 。
　　こう　はい

　　あなた：🗣 いや、____よ。

(1) 🔊 U4-24

　　後　輩：　🎧　🎧　🎧 。
　　こう　はい

　　あなた：🗣 うん、____よ。

(4) 🔊 U4-27

　　後　輩：　🎧　🎧　🎧 。
　　こう　はい

　　あなた：🗣 いや、毎日は____けど。
　　　　　　　　　　まいにち

(2) 🔊 U4-25

　　後　輩：🎧　🎧　🎧 。
　　こう　はい

　　あなた：🗣 うん、____よ。来月だよね。
　　　　　　　　　　　　　　らいげつ

(5) 🔊 U4-28

　　後　輩：　🎧　🎧　🎧 。
　　こう　はい

　　あなた：🗣 うん、____。いいよ。

❷後輩の話 🎧 を聞いています。後輩はどのように考えていると思いますか。🔊 U4-29
こうはい　はなし　　　　き　　　　　　　　こうはい　　　　　　　　　　　かんが　　　　　　　　　おも

(例) 　後　輩：東京は気温が30度の日が続くんですけど、北海道は──
れい　　こう　はい　とうきょう　きおん　　ど　ひ　つづ　　　　　　ほっかいどう

　　　　　北海道は 〔　a. 暑い　　（b. 涼しい）　〕。
　　　　　ほっかいどう　　　　あつ　　　　　　すず

(1) 🎧 昼は〔　　a. コーヒーを飲む　　b. 水を飲む　　〕。
　　　　ひる　　　　　　　　　　　の　　　　　みず　の

(2) 🎧 6月と7月は〔　　a. 雨の日が多い　　b. 晴れの日が多い　　〕。
　　　　がつ　　がつ　　　　　　あめ　ひ　おお　　　　は　　ひ　おお

(3) 🎧 パソコンの使い方が〔　　a. だいじょうぶ　　b. 難しい　　〕。
　　　　　　　　　つか　かた　　　　　　　　　　　　　　　　むずか

(4) 🎧 日曜日は〔　　a. 家にいる　　b. 外に出かける　　〕。
　　　　にちようび　　　　いえ　　　　　　そと　で

(5) 🎧 夕方は〔　　a. 人が少ない　　b. 人が多い　　〕。
　　　　ゆうがた　　　　ひと　すく　　　　　ひと　おお

❸ 友だちの話を聞いて、＿＿＿＿＿＿に入ることばを書いてください。 🔊 U4-30

（1）音楽聞きながら＿＿＿＿＿＿＿してる人いるね。ここ走るの気持ちよさそう。

（2）春、夏、秋、冬の中で、どの＿＿＿＿＿＿＿がいちばん好き？

（3）この前、夏休みにどんな＿＿＿＿＿＿＿があるか聞かれて。

（4）来週の＿＿＿＿＿＿＿、キャンプ行くんだ。楽しみー。

（5）わたしの＿＿＿＿＿＿＿、海がきれいで、魚がおいしくて。

🎧 聞き取りトレーニング

音声を聞いて、＿＿＿＿にひらがな・カタカナ・漢字のどれか1文字を書いてください。

🔊 U4-31

みなさんは春になるころ、何か特別なことをしますか。日本では、桜の季 ＿＿①＿＿ が近づく

と、お店に ＿＿②＿＿ の商品がたくさん出 ＿＿③＿＿ くるんです。ぼくも、そういう ＿＿④＿＿ をとても楽

しみにし ＿＿⑤＿＿ います。桜のアイスクリー ＿＿⑥＿＿ や桜のケーキもあります ＿＿⑦＿＿、桜の紅茶

や、桜の食器 ＿＿⑧＿＿ 文房具なんかもあって、＿＿⑨＿＿ ているだけで本当に楽 ＿＿⑩＿＿ いです。お店

の中でもお ＿＿⑪＿＿ 見をしているような気 ＿＿⑫＿＿ ちになります。みなさん ＿＿⑬＿＿ 国にも、季節に

合わせ ＿＿⑭＿＿ 商品がありますか。ぜ ＿＿⑮＿＿、桜の季節には、桜の花はも ＿＿⑯＿＿ ろん、春だけの

特別な桜の ＿＿⑰＿＿ 品も楽しんでみてください。

ユニット
Unit 5

なんかいいことあった？

Any Good News?

このユニットを聞くときのポイント

● 話の展開を予測しながら聞いて理解する。
はなし　てんかい　よそく　　き　　りかい

As you listen, try to anticipate what comes next so that you can better understand the conversation.

● 「だれが、だれに、何をしたか」に気をつけて聞く。
なに　　　　　き　　　　き

Zero in on who did what to whom as you listen.

会話を聞こう
かいわ　き

なりきりリスニング 1

◆ 話しましょう
はな

あなたは、昼ごはんはだれと食べますか。どんなものを食べますか。自分で作りますか。
ひる　　　　た　　　　　　　　た　　　　　　じぶん　つく

◆ 聞きましょう
き

聞く前に下の「あなたカード」を読んで、「あなた」になりきって友だちの話を聞いてく
き　まえ　した　　　　　　　　　よ　　　　　　　　　　　　　　とも　　はなし　き
ださい。会話の途中と最後の質問に答えてください。
かいわ　とちゅう　さいご　しつもん　こた

Before listening, read the あなた Card below. Then, immerse yourself in the role of あなた as you listen to your friend talk. Answer the questions that come during and after the conversation.

あなたは……

・親しい友だちといっしょにカフェにいます。
した　　とも

・友だちに、最近いいことがあったか聞きたいです。
とも　　　さいきん　　　　　　　　　き

・友だちがテニスサークルに入っていることを知っています。
とも　　　　　　　　　　　　　はい　　　　　　　　し

・手作りの弁当が大好きです。
てづく　　べんとう　だいす

ことば

□授業をとる to take a class　□男子 guy　□手作り homemade
じゅぎょう　　　　　　　　　　だんし　　　　　てづく

U5-01

あなた❶：なんか、最近、いいこととかあった？
さいきん

友だち①：うーん、そのねー、サークルにね、新しく入った人と――
とも　　　　　　　　　　　　　　　　　　あたら　はい　ひと

あなた❷：うん。

友だち②： 🎧 🎧 🎧 けど。
とも

あなた❸： うん。

友だち③： 🎧 🎧 🎧 けど。
とも

あなた❹： へー。

友だち④： 🎧 🎧 🎧 持ってきてて。
とも   も

あなた❺： うん。

友だち⑤： 🎧 🎧 言ったら──
とも   い

あなた❻： うん。

友だち⑥： 🎧 🎧 🎧 から──
とも

あなた❼： へー。

友だち⑦：〔　　a　　b　　〕
とも

◆ **質問に答えましょう（1）**
　しつもん　こた

　　友だち⑦は何と言うと思いますか。どちらかいいほうを選んでください。
　　とも　　　なん　い　　おも　　　　　　　　　　　　　　えら

◆ (🔊U5-02) で、会話の続きを友だち⑥から聞きましょう
　　　　　　　　かいわ　つづ　とも　　　き

あなた❽： そうだね。どんなのかな。

友だち⑧： 🎧 🎧 🎧 みたいな。
とも

あなた❾： はいはいはい。

友だち⑨： 🎧 🎧 🎧 から。
とも

あなた❿： へー。

友だち⑩： 🎧 🎧 🎧 ね。
とも

あなた⓫： あ、そうなんだ。

友だち⑪： 🎧 🎧 🎧 楽しみ。
とも   たの

◆ **質問に答えましょう（2）**
　しつもん　こた

1. この会話の最後に、あなたなら何と言いますか。 (🔊U5-03) で会話をもう一度最初から聞
　　かいわ　さいご　　　　　　なん　い　　　　　　　　　　　　　かいわ　　　いちどさいしょ　き

　　いて、最後のa・bのどちらかいいほうを選んでください。
　　　さいご　　　　　　　　　　　　えら

　　　　あなた⓬：〔　　a　　b　　〕

2. 友だちは何が楽しみだと言ってますか。
　　とも　　なに　たの　　　い

　　_____の授業のあとで_____の_____が作った弁
　　　　　　　　　じゅぎょう　　　　　　　　　　　　　　　　　　　　　　　　つく　べん

　　当を食べることです。
　　とう　た

◆ **もう一度全体を聞きましょう** (🔊U5-04)
　　　いちど　ぜんたい　き

なりきりリスニング **2**

◆ 話しましょう
<ruby>話<rt>はな</rt></ruby>

あなたは<ruby>犬<rt>いぬ</rt></ruby>が<ruby>好<rt>す</rt></ruby>きですか。<ruby>犬<rt>いぬ</rt></ruby>を<ruby>飼<rt>か</rt></ruby>ったことがありますか。<ruby>犬<rt>いぬ</rt></ruby>の<ruby>散歩<rt>さんぽ</rt></ruby>をしている<ruby>人<rt>ひと</rt></ruby>と<ruby>話<rt>はな</rt></ruby>したことがありますか。どんなことを<ruby>話<rt>はな</rt></ruby>しましたか。

◆ 聞きましょう
<ruby>聞<rt>き</rt></ruby>

<ruby>聞<rt>き</rt></ruby>く<ruby>前<rt>まえ</rt></ruby>に<ruby>下<rt>した</rt></ruby>の「あなたカード」を<ruby>読<rt>よ</rt></ruby>んで、「あなた」になりきって<ruby>友<rt>とも</rt></ruby>だちの<ruby>話<rt>はなし</rt></ruby>を<ruby>聞<rt>き</rt></ruby>いてください。<ruby>会話<rt>かいわ</rt></ruby>の<ruby>途中<rt>とちゅう</rt></ruby>と<ruby>最後<rt>さいご</rt></ruby>の<ruby>質問<rt>しつもん</rt></ruby>に<ruby>答<rt>こた</rt></ruby>えてください。

Before listening, read the あなた Card below. Then, immerse yourself in the role of あなた as you listen to your friend talk. Answer the questions that come during and after the conversation.

> ### あなたは……
>
> ・<ruby>親<rt>した</rt></ruby>しい<ruby>友<rt>とも</rt></ruby>だちといっしょに<ruby>大学<rt>だいがく</rt></ruby>の<ruby>食堂<rt>しょくどう</rt></ruby>にいます。
> ・<ruby>友<rt>とも</rt></ruby>だちに、<ruby>最近<rt>さいきん</rt></ruby>いいことがあったか<ruby>聞<rt>き</rt></ruby>きたいです。
> ・<ruby>友<rt>とも</rt></ruby>だちの<ruby>犬<rt>いぬ</rt></ruby>（タロー）を<ruby>見<rt>み</rt></ruby>たことがあります。
> ・<ruby>犬<rt>いぬ</rt></ruby>が<ruby>大好<rt>だいす</rt></ruby>きです。
>
> #### ことば
> □<ruby>仲<rt>なか</rt></ruby>（が／の）いい to be good friends　□<ruby>飼<rt>か</rt></ruby>い<ruby>主<rt>ぬし</rt></ruby> (pet) owner

🔊 U5-05

あなた❶：なんか、<ruby>最近<rt>さいきん</rt></ruby>、おもしろいこととかあった？

<ruby>友<rt>とも</rt></ruby>だち①：うーんと、そうだねー、うちのタローがね。

あなた❷：あ、タロー。

<ruby>友<rt>とも</rt></ruby>だち②：🎧 🎧 🎧 けど。

あなた❸：うん。

<ruby>友<rt>とも</rt></ruby>だち③：🎧 🎧 🎧 けど。

あなた❹：シロちゃん。

友だち④：🎧 🎧 🎧 みたいで。

あなた❺：うん。

友だち⑤：🎧 🎧 🎧 見つけたら——

あなた❻：うん。

友だち⑥：🎧 🎧 🎧 から——

あなた❼：へー。

友だち⑦：〔　　a　　b　　〕

◆ 質問に答えましょう（1）

　　友だち⑦は何と言うと思いますか。どちらかいいほうを選んでください。

◆ （♪U5-06）で、会話の続きを友だち⑥から聞きましょう

あなた❽：そっか。仲いいねー。

友だち⑧：🎧 🎧 🎧 みたいな。

あなた❾：はいはいはい。

友だち⑨：🎧 🎧 🎧 から。

あなた❿：へー、そうなんだ。

友だち⑩：🎧 🎧 🎧 ね。

あなた⓫：あ、そっか。

友だち⑪：🎧 🎧 🎧 思って。

◆ 質問に答えましょう（2）

1．この会話の最後に、あなたなら何と言いますか。（♪U5-07）で会話をもう一度最初から聞いて、最後のa・bのどちらかいいほうを選んでください。

　　あなた⓬：〔　　a　　b　　〕

2．友だちは土曜日に何ができるといいと思っていますか。

　　土曜日の＿＿＿＿＿＿＿に、＿＿＿＿＿＿＿＿＿＿で犬を＿＿＿＿＿＿＿＿＿＿ことが

　　できるといいと思っています。

◆ もう一度全体を聞きましょう （♪U5-08）

◆ 聞いて確認しましょう

日本語の授業で友だちが日本の大学の「部」と「サークル」について説明しています。友だちの説明を聞いて、①〜④に入ることばを書いてください。))) U5-09

日本の大学には、「テニス部」「テニスサークル」のように、「部」と「サークル」があります。この違い、わかりますか。「部」というのは、大会に出て試合に①＿＿＿＿＿＿ために厳しい練習をします。先輩後輩の関係も厳しいです。それに対して、「サークル」というのは、それを②＿＿＿＿＿＿たい人が集まって作ったクラブなので、厳しい練習はしません。先輩後輩の③＿＿＿＿＿＿＿も厳しくありません。「サークル」には、スポーツのサークルもありますし、④＿＿＿＿＿＿＿や英語、マンガやゲームのサークルなどもあります。

◆ 話しましょう

あなたが最近仲よくなった友だちと初めて会ったのは、どんなところでしたか（授業で、サークルで、イベントで、アルバイトで、など）。

◆ 聞きましょう

聞く前に右の「あなたカード」を読んで、「あなた」になりきって友だちの話を聞いてください。会話の途中と最後の質問に答えてください。

Before listening, read the あなた Card below. Then, immerse yourself in the role of あなた as you listen to your friend talk. Answer the questions that come during and after the conversation.

あなたは……

- 親しい友だちといっしょに電車に乗っています。
- 友だちに、最近いいことがあったか聞きたいです。
- 友だちに恋人がいないことを知っています。
- 恋愛の話に興味があります。

ことば

□出会う to meet　□話が合う to get on well　□空く to be free

🔊 U5-10

あなた❶：なんか、最近、なんか恋愛話とか、そういう、いいこととかあった？

友だち①：うーんと、前に、そのね、バイトでさ。

あなた❷：うん。

………

友だち⑥：🎧　🎧　🎧　から——

あなた❼：へー。

友だち⑦：〔　　a　　b　　〕

◆ 質問に答えましょう（1）

友だち⑦は何と言うと思いますか。どちらかいいほうを選んでください。

◆ 🔊 U5-11 で、会話の続きを友だち⑥から聞きましょう

………

友だち⑪：🎧　🎧　🎧　で。

◆ 質問に答えましょう（2）

1．この会話の最後に、あなたなら何と言いますか。🔊 U5-12 で会話をもう一度最初から聞いて、最後のa・bのどちらかいいほうを選んでください。

　　あなた⓬：〔　　a　　b　　〕

2．友だちは何が楽しみだと言ってますか。

　　_____で出会った女の子と、その_____と、3人で渋谷で会うことです。

◆ もう一度全体を聞きましょう 🔊 U5-13

聞いたあとで
き

聞いて反応しよう
き　　　　はんのう

あなたは今、友だちと話しています。友だちの話を聞いて、賛成するときは例1のように、
いま　とも　　　　はな　　　　　とも　　　　はなし　き　　　　さんせい　　　　　れい

いっしょに考えようと思ったときは例2のように、合図の音 ⟩🗨 に続けて言ってください。
かんが　　　　おも　　　　　れい　　　　　あいず　おと　　　　つづ　い

You're talking with a friend now. Listen to your friend and speak your part when the chime ⟩🗨 sounds. If you agree
with what was said, follow example 1; if it's something you think you should discuss with your friend, follow example 2.

（例1）⟩)) U5-14
れい

友だち：あした、天気よさそうだし、スカイ
とも　　　　　　てんき

　　　　ツリー行くの、いいかなと思って。
　　　　　　　い　　　　　　　　　おも

あなた：⟩🗨 そうだね。

　　　　スカイツリー、いいねー。

（例2）⟩)) U5-15
れい

友だち：デートの場所はどこがいいかなと
とも　　　　　　ばしょ

　　　　思って。
　　　　おも

あなた：⟩🗨 そうだね。どこがいいかな。

●相手の話を聞いて、相手と同じ気持ちになって話すとき、相手のことばをくり返すことがありま
あいて　はなし　き　　　　あいて　おな　きも　　　　　　はな　　　　あいて　　　　　　　かえ

す。例えば、相手が「どこがいいかな」と言ったら、同じように「どこがいいかな」とくり返し
たと　　　あいて　　　　　　　　　　　　い　　　　　おな　　　　　　　　　　　　　　　　かえ

たりします。

（1）⟩)) U5-16

友だち：🎧　🎧　🎧　　。
とも

あなた：⟩🗨 そうだね。＿＿＿。

（4）⟩)) U5-19

友だち：🎧　🎧　🎧　　。
とも

あなた：⟩🗨 そうだね。＿＿＿。

（2）⟩)) U5-17

友だち：🎧　🎧　🎧　　。
とも

あなた：⟩🗨 そうだね。＿＿＿。

（5）⟩)) U5-20

友だち：🎧　🎧　🎧　　。
とも

あなた：⟩🗨 そうだね。＿＿＿。

（3）⟩)) U5-18

友だち：🎧　🎧　🎧　　。
とも

あなた：⟩🗨 そうだね。＿＿＿。

なりきって話そう

「なりきりリスニング3」の会話に参加しましょう。「あなたカード」の内容を確認して、友だちが話したあとで、合図の音 に続けて「あなた」のパートを言ってください。

Join in the なりきりリスニング3 conversation. First, go over the あなた Card. During the conversation, speak the part of あなた each time the chime)) sounds after the friend says something.

あなたは……

- 親しい友だちといっしょに電車に乗っています。
- 友だちに、最近いいことがあったか聞きたいです。
- 友だちに恋人がいないことを知っています。
- 恋愛の話に興味があります。

🔊 U5-21

あなた❶：なんか、最近、なんか恋愛話とか、そういう、いいこととかあった？

友だち①：うーんと、前に、そのね、バイトでさ。

あなた❷：))うん。

友だち②：🎧　🎧　🎧　ね。

あなた❸：))うん。

友だち③：🎧　🎧　🎧　けど。

あなた❹：))おー。

友だち④：🎧　🎧　してて。

あなた❺：))うん。

友だち⑤：🎧　🎧　🎧
　　　　　言ったら。

あなた❻：))うん。

友だち⑥：🎧　🎧　🎧　から――

あなた❼：))へー。

友だち⑦：🎧　🎧　🎧　思って。

あなた❽：))はいはい。

友だち⑧：🎧　🎧　🎧
　　　　　みたいな。

あなた❾：))はいはいはいはい。

友だち⑨：🎧　🎧　🎧　から。

あなた❿：))あ、まだなの？

友だち⑩：🎧　🎧　🎧　ね。

あなた⓫：))あ、そうなんだ。

友だち⑪：🎧　🎧　🎧　で。

あなた⓬：))はいはい、会えるといいね。

ペアで話してみよう

ＡさんはＢさんに、最近あったいいことについて聞いてください。

Ｂさんは、最近あったいいことについて話してください。

Ａさんは、Ｂさんが話しやすいように、相づち（「うんうん」「へー」など）を打ったり質問したりしてください。

会話の始まりと会話の終わりは、下のように言うといいです。

___会話の始まり___

Ａ❶：なんか、最近、いいこととかあった？

Ｂ①：うーんと、そのねー、 〔おいしいものを食べた／おもしろいゲームをした／新しい友だちができた　など〕 。

Ａ❷：（例）

　・どんな＿＿＿＿＿＿＿？

　・どうだった？

………

___会話の終わり___

Ａ　：それ、よかったねー。

リアルな会話を聞いてみよう

大学生2人が最近あったことについて話しています。自然な会話を、楽しみながら聞いてください。 🔊 U5-22

ことば

□浜中町＝町の名前　□飲み会 drinking party　□保育士 childminder　□名塚＝Ａさんの名前
□スタバ（スターバックス）＝店の名前　□目が合う to catch one's eye　□淡い faint
□期待を抱く to have expectations

『リアルな会話で学ぶ にほんご初中級リスニング Alive』訂正表

・編集過程の問題により以下の誤りが発生しました。訂正してお詫びいたします。
・変更内容は 誤 → 正 （○）で、本文を省略した部分は … で示しています。
・下記URLまたは右のコードからダウンロードしていただける訂正表には、★印を付けたページ全体の修正済みカラーデータが含まれています。

https://bookclub.japantimes.co.jp/files/Nihongo_Alive_Erratum.pdf

訂正表PDF

◆本冊

ユニット	ページ	該当箇所	変更内容
1	017	なりきりリスニング2　あなた6	へ―。→ ○へ―。
	021	なりきって話そう　友だち1	私たちの家族は…好きなんだけど。→ ○うちの家族は…好きなんだけど。
4	051★	質問に答えましょう（2）　2.	＿＿＿で、＿＿＿約束をしました。→ ○＿＿＿に＿＿＿約束をしました。
	053	なりきりリスニング2　あなた7	パソコンの使い方が（ a. だいじょうぶ b. 難しい ）。
5	059	復習しよう2　（3）	土曜日の＿＿＿に、＿＿＿で犬を＿＿＿ことができるといいと思っています。→ ○土曜日に、＿＿＿で犬を＿＿＿ことができるといいと思っています。
	065★	復習しよう（2）　2.	食事のす＿＿＿前やす＿＿＿後はよくない → ○食事のす＿＿＿前とかす＿＿＿後はよくない
7	095	復習しよう1　（3）あなた	バイクを＿＿＿ないで、＿＿＿日で旅行しました。→ ○バイクを＿＿＿ないで、＿＿＿で旅行しました。
8	099★	質問に答えましょう　2.	○○時から…行く＿＿＿ことができるんです。（よを取る）
	102	聞いて確認しましょう　3〜4行目	○○時から…行く＿＿＿ことができるんですよ。（よを取る）

◆別冊

ユニット	ページ	該当箇所	変更内容
1	2	なりきりリスニング2／あなた⑥	へー。→○えー。
	4	リアルな会話を聞いてみよう／Ⓐの下から2つめ	→○全然、歴とか…。仕事の人たちとか、…初心者だから、…でもがんばってについていって。（たち を取る／でも を入れる）
4	12	なりきりリスニング1／解答(2)2.	鎌倉で泳ぐ約束をしました。→○鎌倉に行く約束をしました。
	13	なりきりリスニング2／あなた⑦	へー。→○えー。
5	17	なりきりリスニング2／解答(2)2.	土曜日の朝に、公園で犬を遊ばせることができるといいと思っています。→○土曜日に、公園で犬を遊ばせることができるといいと思っています。（の朝 を取る）
	19	復習しよう❸／(4)	→○うちのネコ、…いつもいっしょにいる。（いつも を1つ取る）
6	22	リアルな会話を聞いてみよう／最後の4行	Ⓑ：そう。Ⓐ：それが…うん、かな。Ⓑ：すごい。→○Ⓐ：そう。Ⓑ：うん、かな。Ⓐ：へー、すごいね。（へー を入れる）
	23	聞き取りトレーニング／右段上から6～7行目	→○お餅は…家で食べる⑪ことも多いんですよ。（よ を入れる）
7	24	なりきりリスニング2／友だち⑥	→○だから、お風呂に入りながら、きれいな景色見られて。（に を入れる）
8	27	なりきりリスニング1／友だち②／解答2.	→○あのー、ひとりでさ、北海道行ったんだけど。（ど を入れる）／バイクを止めないって3日で旅行しました。→○バイクを止めないで走り続けて旅行しました。
	30	復習しよう❷／(5)Ⓐ	→○桜が咲いているところや赤い鳥居が並んでいるところの写真を撮りました。（赤い を入れる）

復習しよう
ふくしゅう

１ あなたは友だちと話しています。合図の音 ⋙● に続けて例のように言ってください。
とも　　はな　　　　　　　　　あいず　おと　　　　つづ　　れい　　　　　い

（例１）))) U5-23
れい

友だち：鎌倉のいい所、調べておいてくれる？
とも　　かまくら　　ところ　　しら

あなた：⋙●うん、調べとく。
　　　　　　　　　しら

（例２）))) U5-24
れい

友だち：荷物、運んでおいてくれた？
とも　　にもつ　はこ

あなた：⋙●うん、運んどいた。
　　　　　　　　　はこ

（１）))) U5-25

友だち：　♪　♪　♪　？
とも

あなた：⋙●うん、＿＿＿。

（２）))) U5-26

友だち：　♪　♪　♪　？
とも

あなた：⋙●うん、＿＿＿。

（３）))) U5-27

友だち：　♪　♪　♪　？
とも

あなた：⋙●うん、＿＿＿。

（４）))) U5-28

友だち：　♪　♪　♪　？
とも

あなた：⋙●うん、＿＿＿。

（５）))) U5-29

友だち：　♪　♪　♪　？
とも

あなた：⋙●うん、＿＿＿。

2 あなたは今、友だちと話しています。友だち🎧は何と言っていますか。話に合うものを
選んでください。 🔊 U5-30

（1）🎧〔 おれたち　先輩 〕がたこ焼きパーティーに〔 おれたち　先輩 〕を呼びます。

（2）🎧〔 先輩　後輩　おれたち 〕が〔 先輩　後輩　おれたち 〕に〔 先輩　後輩
おれたち 〕を紹介します。

（3）🎧〔 わたしたち　先輩 〕が〔 わたしたち　先輩 〕にいいカフェを教えます。

（4）🎧〔 わたしたち　友だち　先輩 〕が〔 わたしたち　友だち　先輩 〕の写真を
撮ります。

（5）🎧〔 わたし　友だち　わたしのお父さん 〕が〔 わたしたち　友だちのお父さん
わたしのお父さん 〕にカレーを作ります。

3 友だちの話を聞いて、＿＿＿＿＿＿に入ることばを書いてください。 🔊 U5-31

（1）パーティーで＿＿＿＿＿＿人と、今度また会うことになってて。

（2）鈴木さんもわたしと同じ授業、＿＿＿＿＿＿いるよ。

（3）わたしもしょうたも同じサッカーチームが好きで、話が＿＿＿＿＿＿んだ。

（4）うちの猫、隣の猫と＿＿＿＿＿＿みたいで、いつもいっしょにいる。

（5）友だちが＿＿＿＿＿＿のケーキ、持ってきてくれたんだ。

🎧≫ 聞き取りトレーニング

音声を聞いて、＿＿＿＿にひらがな・カタカナ・漢字のどれか１文字を書いてください。

🔊 U5-32

　日本の大学には、「テニス部」「テニスサークル」のように、「部」と「サークル」があり
ます。この＿＿い、わかりますか。「部」＿＿いうのは、大会に出て＿＿合に勝つために厳
　　　　　　①　　　　　　　　　　　　②　　　　　　　　　　　③
しい＿＿習をします。先輩後輩の＿＿係も厳しいです。それ＿＿対して、「サークル」とい
　　　④　　　　　　　　　　　　⑤　　　　　　　　　　　⑥
う＿＿は、それ楽しみたい＿＿が集まって作ったクラブ＿＿ので、厳しい練習はしません。
　　⑦　　　　　　　　　　　⑧　　　　　　　　　　⑨
＿＿輩後輩の関係も厳し＿＿ありません。「サークル」＿＿は、スポーツのサーク＿＿もあ
⑩　　　　　　　　　　　　⑪　　　　　　　　⑫　　　　　　　　　⑬
りますし、音楽や＿＿語、マンガやゲームの＿＿ークルなどもあります。
　　　　　　　⑭　　　　　　　　　　⑮

ユニット
Unit 6
これがおすすめ

I Recommend . . .

このユニットを聞くときのポイント

● すでに知っている情報と相手から聞いた情報を合わせて理解する。
Use the information you already know and the information you pick up from the conversation to put together the pieces of the puzzle.

● 接続表現に注意して、追加された情報を聞く。
Keep your ears open for conjunctions, and listen to the additional information that follows them.

会話を聞こう
かいわ　き

なりきりリスニング 1

◆ 話しましょう
はな

音楽が好きですか。
おんがく　す

どんな音楽が好きですか。
おんがく　す

何か楽器ができますか。
なに　がっき

◆ 聞きましょう
き

聞く前に下の「あなたカード」を読んで、「あなた」になりきって友だちの話を聞いてく
き　まえ　した　　　　　　　　　　よ　　　　　　　　　　　　　　　　　とも　　　はなし　き
ださい。会話のあとで質問に答えてください。
　　　　かいわ　　　　　しつもん　こた

Before listening, read the あなた Card below. Then, immerse yourself in the role of あなた as you listen to your friend talk. Answer the questions that come after the conversation.

あなたは……

- 大学の食堂で親しい友だちと話しています。
  だいがく　しょくどう　した　とも　　はな

- 友だちが最近何にはまっているか聞きたいです。
  とも　　さいきんなに　　　　　　　　　　き

- ギターを弾いたことがありませんが、興味があります。
  ひ　　　　　　　　　　　　　　きょうみ

- ギターにはアコースティックギターとエレキギターが
  あることを知っています。
  し

アコースティックギター

エレキギター

ことば

☐ はまる to be hooked on　☐ バンド band　☐ 音 sound
おと

☐ 曲 tune　☐ ネット the Internet
きょく

🔊 U6-01

あなた❶：なんか、最近はまっていることってある？

友だち①：えー、最近？

あなた❷：うん。

友だち②：🎧　🎧　🎧　ね。

あなた❸：そうなんだ。

友だち③：🎧　🎧　🎧　おじさんが。

あなた❹：うん。

友だち④：🎧　🎧　🎧　教えてくれて。

あなた❺：いいね。

友だち⑤：🎧　🎧　🎧　けど。

あなた❻：うん。

友だち⑥：🎧　🎧　🎧
　　　　　弾きやすかった。

あなた❼：へー、そうなんだ。

友だち⑦：🎧　🎧　🎧　ような。

あなた❽：初めての人でも？

友だち⑧：🎧　🎧　🎧　から。

あなた❾：はいはい。

友だち⑨：🎧　🎧　🎧　出て。

あなた❿：うん。

友だち⑩：🎧　🎧　🎧　できて。

あなた⓫：いいね。

友だち⑪：🎧　🎧　🎧　弾けて。

あなた⓬：へー。

友だち⑫：🎧　🎧　🎧
　　　　　楽しくって。

あなた⓭：うん。

友だち⑬：🎧　🎧　🎧　して。

あなた⓮：そうなんだ。

友だち⑭：🎧　🎧　🎧
　　　　　なったんだ。

◆ 質問に答えましょう

1. 友だちは何にはまっていると言っていますか。

　　　a. エレキギター　　b. アコースティックギター（ふつうのギター）

2. 友だちはだれに弾き方を教えてもらいましたか。

　　_____に教えてもらいました。

3. 友だちはどうして、今ギターを弾くのが楽しいと言っていますか。

　　　a. 昔好きだった曲や、今ネットで人気の曲が弾けるようになったから。

　　　b. 昔できなかった曲や、ネットで見つけた曲が弾けるようになったから。

4. この会話の最後に、あなたなら何と言いますか。🔊 U6-02 で会話をもう一度最初から聞
　　いて、最後のa・bのどちらかいいほうを選んでください。

　　　あなた⓯：〔　　a　　b　　〕

◆ もう一度全体を聞きましょう 🔊 U6-03

なりきりリスニング **2**

◆ 話しましょう

和菓子を食べたことがありますか。和カ
フェを知っていますか。

◆ 聞きましょう

聞く前に下の「あなたカード」を読んで、「あなた」になりきって友だちの話を聞いてく
ださい。会話のあとで質問に答えてください。

Before listening, read the あなた Card below. Then, immerse yourself in the role of あなた as you listen to your friend
talk. Answer the questions that come after the conversation.

あなたは……

・カフェで親しい友だちと話しています。
・友だちが最近行ってよかったところを聞きたいです。
・日本茶を飲むカフェ（和カフェ）について聞いたことがあります。

ことば

□静岡 Shizuoka (prefecture)　　□緑茶 green tea　　□飲み放題 all you can drink
□自然 nature　　□最高 best　　□印象的 impressive

◆)) U6-04

あなた❶：なんか、最近、行ってよかったとこってある？
友だち①：最近？
あなた❷：うん。
友だち②：🎧 🎧 🎧　かな。
あなた❸：和カフェ？
友だち③：🎧 🎧 🎧　先輩が。
あなた❹：うん。
友だち④：🎧 🎧 🎧　連れてってくれて。

あなた❺：いいね。

友だち⑤：🎧🎧🎧けど。

あなた❻：うん。

友だち⑥：🎧🎧🎧よ。

あなた❼：和菓子？

友だち⑦：🎧🎧🎧食べながら――

あなた❽：うん。

友だち⑧：🎧🎧🎧から。

あなた❾：はいはい。

友だち⑨：🎧🎧🎧ほしくなって。

あなた❿：うん。

友だち⑩：🎧🎧🎧けど。

あなた⓫：うん。

友だち⑪：🎧🎧🎧感じで。

あなた⓬：へー。

友だち⑫：🎧🎧🎧できて。

あなた⓭：うん。

友だち⑬：🎧🎧🎧最高。

あなた⓮：そうなんだー。

友だち⑭：🎧🎧🎧かな。

◆ 質問に答えましょう

1．友だちは、どこがよかったと言っていますか。

　　　＿＿＿＿＿＿＿＿＿がよかったと言っています。

2．友だちは、だれに連れて行ってもらいましたか。

　　　＿＿＿＿＿＿＿＿＿に連れていってもらいました。

3．友だちはどうしてそこが印象的だったと言っていますか。

　　　a．自然の中にあってすてきな場所だったから。

　　　b．有名なお菓子が食べ放題だったから。

4．この会話の最後に、あなたなら何と言いますか。◗U6-05 で会話をもう一度最初から聞いて、最後のa・bのどちらかいいほうを選んでください。

　　　あなた⓯：〔　　a　　b　　〕

◆ もう一度全体を聞きましょう ◗U6-06

077

◆ 聞いて確認しましょう

留学生の授業で、先生が日本の餅について説明しています。話を聞いて、①～④に入ることばを書いてください。 🔊 U6-07

　みなさん、お餅を食べたことがありますか。お餅はね、日本では昔から、お正月や子どもの日など①＿＿＿＿＿＿＿日に作られて、食べられてきました。今でも年に一度、みんなで集まってお餅をついて食べる②＿＿＿＿＿＿＿大会をするところも多いんですよ。餅つき大会は子どもからお年寄りまで楽しめる行事なんです。

　それから、お餅はスーパーで買って家で食べることも多いんですよ。オーブントースターで焼いたり、③＿＿＿＿＿＿＿でやわらかくしたりして食べるんです。あと、電動の餅つき器っていうのもあって、自分の家で簡単にお餅を作ることもできます。お餅は自分の好きなものを④＿＿＿＿＿＿＿食べると楽しいですよ。

◆ 話しましょう

餅を食べたことがありますか。餅が好きですか。どうやって食べますか。

砂糖じょうゆ
（砂糖＋しょうゆ）　　あんこ　　　　きなこ　　　　のり

◆ 聞きましょう
<ruby>聞<rt>き</rt></ruby>

<ruby>聞<rt>き</rt></ruby>く<ruby>前<rt>まえ</rt></ruby>に<ruby>下<rt>した</rt></ruby>の「あなたカード」を<ruby>読<rt>よ</rt></ruby>んで、「あなた」になりきって<ruby>友<rt>とも</rt></ruby>だちの<ruby>話<rt>はなし</rt></ruby>を<ruby>聞<rt>き</rt></ruby>いてください。<ruby>会話<rt>かいわ</rt></ruby>のあとで<ruby>質問<rt>しつもん</rt></ruby>に<ruby>答<rt>こた</rt></ruby>えてください。

Before listening, read the あなた Card below. Then, immerse yourself in the role of あなた as you listen to your friend talk. Answer the questions that come after the conversation.

あなたは……

・<ruby>大学<rt>だいがく</rt></ruby>のベンチに<ruby>座<rt>すわ</rt></ruby>って<ruby>親<rt>した</rt></ruby>しい<ruby>友<rt>とも</rt></ruby>だちと<ruby>話<rt>はな</rt></ruby>しています。

・<ruby>友<rt>とも</rt></ruby>だちが<ruby>最近<rt>さいきん</rt></ruby><ruby>食<rt>た</rt></ruby>べたおいしいものについて<ruby>聞<rt>き</rt></ruby>きたいです。

・<ruby>餅<rt>もち</rt></ruby>がどんなものか、<ruby>何<rt>なに</rt></ruby>をつけて<ruby>食<rt>た</rt></ruby>べるか<ruby>知<rt>し</rt></ruby>っています。

ことば

□<ruby>衝撃的<rt>しょうげきてき</rt></ruby>　shocking　　□<ruby>餅<rt>もち</rt></ruby>つき　rice-cake making　　□スパイス　spice

�))U6-08

あなた❶：<ruby>今年<rt>ことし</rt></ruby>に<ruby>入<rt>はい</rt></ruby>ってからなんか、いちばんおいしかったものある？

<ruby>友<rt>とも</rt></ruby>だち①：<ruby>今年<rt>ことし</rt></ruby>に<ruby>入<rt>はい</rt></ruby>ってから？

あなた❷：うん。

　………

<ruby>友<rt>とも</rt></ruby>だち⑭：🎧　🎧　🎧　おいしかった。

◆ <ruby>質問<rt>しつもん</rt></ruby>に<ruby>答<rt>こた</rt></ruby>えましょう

1．<ruby>友<rt>とも</rt></ruby>だちは、<ruby>何<rt>なに</rt></ruby>がいちばんおいしかったと<ruby>言<rt>い</rt></ruby>っていますか。

　　_____がいちばんおいしかったと<ruby>言<rt>い</rt></ruby>っています。

2．<ruby>友<rt>とも</rt></ruby>だちは、どんな<ruby>人<rt>ひと</rt></ruby>がやっている<ruby>餅<rt>もち</rt></ruby>つき<ruby>大会<rt>たいかい</rt></ruby>に<ruby>行<rt>い</rt></ruby>きましたか。

　　_____がやっている<ruby>餅<rt>もち</rt></ruby>つき<ruby>大会<rt>たいかい</rt></ruby>に<ruby>行<rt>い</rt></ruby>きました。

3．<ruby>友<rt>とも</rt></ruby>だちは、どうして<ruby>衝撃的<rt>しょうげきてき</rt></ruby>だと<ruby>言<rt>い</rt></ruby>っていますか。

　　a．<ruby>餅<rt>もち</rt></ruby>といっしょに<ruby>食<rt>た</rt></ruby>べたことがなかったけど、おいしかったから。

　　b．<ruby>餅<rt>もち</rt></ruby>がちょっと<ruby>甘<rt>あま</rt></ruby>かったけど、おいしかったから。

4．この<ruby>会話<rt>かいわ</rt></ruby>の<ruby>最後<rt>さいご</rt></ruby>に、あなたなら<ruby>何<rt>なん</rt></ruby>と<ruby>言<rt>い</rt></ruby>いますか。�))U6-09で<ruby>会話<rt>かいわ</rt></ruby>をもう<ruby>一度<rt>いちど</rt></ruby><ruby>最初<rt>さいしょ</rt></ruby>から<ruby>聞<rt>き</rt></ruby>いて、<ruby>最後<rt>さいご</rt></ruby>のa・bのどちらかいいほうを<ruby>選<rt>えら</rt></ruby>んでください。

　　　あなた⓯：〔　　a　　b　　〕

◆ もう<ruby>一度<rt>いちど</rt></ruby><ruby>全体<rt>ぜんたい</rt></ruby>を<ruby>聞<rt>き</rt></ruby>きましょう �))U6-10

聞いたあとで
き

聞いて反応しよう
き　　　　はんのう

あなたは今、友だちと話しています。友だちの話を聞いて、驚いたことや気になったこと
いま　とも　　　はな　　　　とも　　はなし　き　　　おどろ　　　　　　　き
を聞き返してください。例のように、合図の音 ≫● に続けて言ってください。
き　かえ　　　　　　　れい　　　　あいず　おと　　つづ　い

You're talking with a friend now. As you listen to your friend, ask about the things that surprise you or make you
wonder. Following the example, speak your part when the chime ≫● sounds.

(例) ◀)) U6-11
れい

友だち：ギターね、初めての人でもできる
とも　　　　　　　はじ
　　　　ような。

あなた：≫● 初めての人でも？
　　　　　　　はじ

友だち：うん、そういう方法を教えてくれ
とも　　　　　　　　　ほうほう　おし
　　　　たから。

(1) ◀)) U6-12

友だち：そのカフェ、
とも
　　　　⌢🎧⌢ ⌢🎧⌢ ⌢🎧⌢ が

　　　　おいしいんだよ。

あなた：≫● ＿＿＿？

友だち：うん、⌢🎧⌢ ⌢🎧⌢ ⌢🎧⌢ 。
とも

(2) ◀)) U6-13

友だち：きのう、パーティーで、
とも
　　　　⌢🎧⌢ ⌢🎧⌢ ⌢🎧⌢ 食べた。
　　　　　　　　　　　　　　　た

あなた：≫● ＿＿＿？

友だち：うん、⌢🎧⌢ ⌢🎧⌢ ⌢🎧⌢ 。
とも

(3) ◀)) U6-14

友だち：きのう、お母さんと
とも　　　　　　かあ
　　　　⌢🎧⌢ ⌢🎧⌢ ⌢🎧⌢ 、

　　　　買って帰っちゃた。
　　　　か　かえ

あなた：≫● ＿＿＿？

友だち：うん、⌢🎧⌢ ⌢🎧⌢ ⌢🎧⌢ 。
とも

(4) ◀)) U6-15

友だち：駅前のラーメン屋が
とも　　えきまえ　　　　や
　　　　⌢🎧⌢ ⌢🎧⌢ ⌢🎧⌢ って。

あなた：≫● ＿＿＿？

友だち：うん、⌢🎧⌢ ⌢🎧⌢ ⌢🎧⌢
とも
　　　　だって。

(5) ◀)) U6-16

友だち：田中さん、なんか
とも　　たなか
　　　　⌢🎧⌢ ⌢🎧⌢ ⌢🎧⌢ ような

　　　　仕事をしているって。
　　　　しごと

あなた：≫● ＿＿＿？

友だち：うん、⌢🎧⌢ ⌢🎧⌢ ⌢🎧⌢
とも
　　　　んだよ。

なりきって話そう

「なりきりリスニング3」の会話に参加しましょう。「あなたカード」の内容を確認して、友だちが話したあとで、合図の音 ≫● に続けて「あなた」のパートを言ってください。

Join in the なりきりリスニング3 conversation. First, go over the あなた Card. During the conversation, speak the part of あなた each time the chime ≫● sounds after the friend says something.

あなたは……

・大学のベンチに座って親しい友だちと話しています。
・友だちが最近食べたおいしいものについて聞きたいです。
・餅がどんなものか、何をつけて食べるか知っています。

》) U6-17

あなた❶：今年に入ってからなんか、いちばんおいしかったものある？

友だち①：今年に入ってから？

あなた❷：≫●うん。

友だち②：🎧 🎧 🎧 かな。

あなた❸：≫●そうなんだ。

友だち③：🎧 🎧 🎧 正月に。

あなた❹：≫●うん。

友だち④：🎧 🎧 🎧
　　　　さそってくれて。

あなた❺：≫●いいね。

友だち⑤：🎧 🎧 🎧 けど。

あなた❻：≫●うん。

友だち⑥：🎧 🎧 🎧
　　　　大会だったの。

あなた❼：≫●インドの人？

友だち⑦：🎧 🎧 🎧 ような。

あなた❽：≫●はいはいはいはい。

友だち⑧：🎧 🎧 🎧 から。

あなた❾：≫●はいはい。

友だち⑨：🎧 🎧 🎧
　　　　おもしろくて。

あなた❿：≫●うん。

友だち⑩：🎧 🎧 🎧 けど。

あなた⓫：≫●うん。

友だち⑪：🎧 🎧 🎧 あって。

あなた⓬：≫●へー。

友だち⑫：🎧 🎧 🎧
　　　　おいしくって。

あなた⓭：≫●へー。

友だち⑬：🎧 🎧 🎧 かな。

あなた⓮：≫●そうなんだ。

友だち⑭：🎧 🎧 🎧
　　　　おいしかった。

あなた⓯：≫●いいね、それ。お餅の新しい
　　　　食べ方！

ペアで話してみよう

Aさんは Bさんに、最近はまっているもの／ことについて聞いてください。

Bさんは、最近はまっているもの／ことについて話してください。

Aさんは、Bさんが話しやすいように、相づち（「うんうん」「へー」など）を打ったり質問したりしてください。

会話の始まりと会話の終わりは、下のように言うといいです。

会話の始まり

A❶：最近、はまっているもの／ことってある？

B①：最近？ 最近はまっているもの／ことは＿（最近はまっているもの／こと）＿。

A❷：（例）

・どんな＿＿＿＿＿？

・なんではまったの？

………

会話の終わり

A　：へー、いいね、〔おもしろそうだね／たのしそうだね／やってみたいな〕。

リアルな会話を聞いてみよう

男の人が友だちと、今年食べたいちばんおいしかったものについて話しています。自然な会話を、楽しみながら聞いてください。 U6-18

ことば

□主催 host　□トッピング topping

復習しよう
ふくしゅう

1 あなたは友だちと話しています。合図 🔊● の音に続けて、例のように言ってください。
とも　はな　　　　　あいず　　　おと　つづ　　　れい　　　　い

（例） 🔊 **U6-19**
れい

◆ 先輩があなたに「ここ、いいよ」と言いました。
せんぱい　　　　　　　　　　　　　　　　い

友だち：ここ、いいね。だれかがこのカフェ、
とも

　　　　教えてくれたの？
　　　　おし

あなた：🔊● 先輩が、ここ、いいよ、
　　　　　　せんぱい

　　　　みたいな感じで教えてくれた。
　　　　　　かん　　おし

> ● 「～みたいな感じで」は、ほかの
> 　　　　　　　　　　かん
> 人が話したことや話そうとした
> ひと はな　　　　　　はな
> ことと、だいたい同じようなこ
> 　　　　　　　おな
> とを伝えたいとき使います。
> 　　つた　　　　　　つか
>
> 「ここ、いいよ。」
>
> あなた　先輩
> 　　　　せんぱい
> 友だち　あなた
> とも

（1） 🔊 **U6-20**

◆ 弟があなたに「これ、いいよ」と言いました。
おとうと　　　　　　　　　　　　　　　い

友だち：　🎧　🎧　🎧　？
とも

あなた：🔊● 弟が、＿＿＿、みたいな感じで＿＿＿。
　　　　　　おとうと　　　　　　　　かん

（2） 🔊 **U6-21**

◆ ゆいがあなたに「ここ、きれいだよ」と言いました。
　　　　　　　　　　　　　　　　　　　　い

友だち：　🎧　🎧　🎧　？
とも

あなた：🔊● ゆいが、＿＿＿、みたいな感じで＿＿＿。
　　　　　　　　　　　　　　　　かん

（3） 🔊 **U6-22**

◆ けんたがあなたに「いっしょに食べよう」と言いました。
　　　　　　　　　　　　　　　　た　　　　　い

友だち：　🎧　🎧　🎧　？
とも

あなた：🔊● けんたが、＿＿＿、みたいな感じで＿＿＿。
　　　　　　　　　　　　　　　　　かん

（4） 🔊 **U6-23**

◆ ゆいがあなたに「いっしょにやろう」と言いました。
　　　　　　　　　　　　　　　　　　　い

友だち：　🎧　🎧　🎧　？
とも

あなた：🔊● ゆいが、＿＿＿、みたいな感じで＿＿＿。
　　　　　　　　　　　　　　　　かん

（5） 🔊 **U6-24**

◆ けんたがあなたに「このマンガ、読んでみない？」と言いました。
　　　　　　　　　　　　　　　　　よ　　　　　　　　い

友だち：　🎧　🎧　🎧　？
とも

あなた：🔊● けんたが、＿＿＿、みたいな感じで＿＿＿。
　　　　　　　　　　　　　　　　　かん

2 あなたは今、友だちの話 🎧 を聞いています。友だちは何と言っていますか。例のように、質問の答えに合うものをすべて選んでください。 🔊 U6-25

（例）友だち：餅つき大会でお餅につけるのは、ふつう、なんか砂糖じょうゆとかあんこなんだけど、それだけじゃなくてカレーもあって。

→　Q：餅つき大会のとき、餅につけるものはどんなものがありましたか。
〔 (a.) 砂糖じょうゆ　b. あんこ　c. バター　(d.) カレー 〕

（1）🎧〔 a. トマトパスタ　b. トマトサラダ　c. グリーンサラダ　d. アイスクリーム 〕

（2）🎧〔 a. 弁当　　b. 麺　　c. サンドイッチ　　d. お菓子 〕

（3）🎧〔 a. パン　　b. ごはん　　c. みそ汁　　d. 卵焼き 〕

（4）🎧〔 a. みんなが知っている曲　　b. ネットで見つけた曲
　　　　c. 友だちに教えてもらった曲　　d. 先生に教えてもらった曲 〕

3 友だちの話を聞いて、＿＿＿＿＿＿に入ることばを書いてください。 🔊 U6-26

（1）今、わたし、抹茶のお菓子に＿＿＿＿＿＿＿＿いて、毎日いろいろなの食べてみてる。

（2）毎日、＿＿＿＿＿＿＿＿で日本語のニュース、読むようにしてるんだ。

（3）駅の中にあるカフェ、朝はコーヒー＿＿＿＿＿＿＿＿なんだよね。

（4）日本は、世界のいろいろな国からスパイスを＿＿＿＿＿＿＿＿してるんだって。

（5）わたしの実家のそばって、山や川があって＿＿＿＿＿＿＿＿がいっぱいで。

🎧≫ 聞き取りトレーニング

音声を聞いて、＿＿＿＿にひらがな・カタカナ・漢字のどれか1文字を書いてください。

🔊 U6-27

　みなさん、お餅を食べたことがありますか。お餅はね、日本では＿＿①から、お正月や子どもの＿＿②など特別な日に作られ、＿＿③べられてきました。今でも年に一度、みんなで集＿＿④ってお餅をついて食べ＿＿⑤餅つき大会をするとこ＿＿⑥も多いんですよ。餅つき＿＿⑦会は子どもからお年＿＿⑧りまで楽しめる行＿＿⑨なんです。

　お餅はスー＿＿⑩ーで買って家で食べる＿＿⑪とも多いんですよ。オー＿＿⑫ントースターで焼いたり、＿＿⑬子レンジでやわらか＿＿⑭したりして食べる＿＿⑮です。また、電動の餅つき＿＿⑯っていうのもあって、自＿＿⑰の家で簡単にお餅を＿＿⑱ることもできます。お餅は＿＿⑲分の好きなものをつけ＿＿⑳食べると楽しいですよ。

ユニット
Unit 7
温泉大好き
おんせんだい　す
Gotta Love Those Hot Springs

このユニットを聞くときのポイント

● すでに知っている情報と相手から聞いた情報を合わせて理解する。
し　　　　じょうほう　あいて　　き　　じょうほう　あ　　　　　　り かい
Use the information you already know and the information you pick up from the conversation to put together the pieces of the puzzle

● 2つのものを比べて聞く。
くら　　き
As you listen, compare and contrast the two things described.

会話を聞こう
かい わ き

なりきりリスニング **1**

◆ 話しましょう
はな

どんなホテルに泊まったことがありますか。部屋にどんなものがありましたか。どんな
と へ や
サービスがありましたか。

◆ 聞きましょう
き

聞く前に下の「あなたカード」を読んで、「あなた」になりきって友だちの話を聞いてく
き まえ した よ とも はなし き
ださい。会話のあとで質問に答えてください。
かい わ しつもん こた

Before listening, read the あなた Card below. Then, immerse yourself in the role of あなた as you listen to your friend talk. Answer the questions that come after the conversation.

あなたは……

- 親しい日本人の友だちと、テニスサークルで話しています。
  した にほんじん とも はな
- 今度、日本の旅館に泊まってみたいと思っています。
  こん ど にほん りょかん と おも
- ホテルについて知っていますが、旅館について知りません。
  し りょかん し
- 友だちに旅館について聞きたいです。
  とも りょかん き

ことば

☐ たたみ　tatami mat　　☐ ふとんをしく　to lay output a futon　　☐ 比べる　to compare
くら
☐ 苦手　dislike
にが て

🔊 **U7-01**

あなた❶：えー、なんか、あー、ふとんで寝るようなとこ、泊まったことある？

友だち①：ふとん？

あなた❷：そう。ふとんで寝るようなところ。

友だち②：〔　🎧　🎧　🎧　〕よ。

あなた❸：どんな感じ？　旅館って。

友だち③：〔　🎧　🎧　🎧　〕あって。

あなた❹：うん。

友だち④：〔　🎧　🎧　🎧　〕けど。

あなた❺：うんうん。

友だち⑤：〔　🎧　🎧　🎧　〕置いて
あって。

あなた❻：お茶とお菓子？

友だち⑥：〔　🎧　🎧　🎧　〕感じで。

あなた❼：あー。いいね。

友だち⑦：〔　🎧　🎧　🎧　〕
してくれるし。

あなた❽：あー、じゃ、ホテルとはちょっと、
違うね。

友だち⑧：〔　🎧　🎧　🎧　〕感じ？

あなた❾：へー。

友だち⑨：〔　🎧　🎧　🎧　〕けど。

あなた❿：そうなんだ。

友だち⑩：〔　🎧　🎧　🎧　〕でしょう。

あなた⓫：そっか。

友だち⑪：〔　🎧　🎧　🎧　〕。

◆ **質問に答えましょう**

1．友だちは、旅館はどんな部屋だと言っていますか。

たたみの部屋に＿＿＿＿＿＿＿＿＿＿＿＿があって＿＿＿＿＿＿＿＿＿＿＿が

あります。

2．友だちは、旅館はホテルに比べると、どうだと言っていますか。

旅館はホテルに比べると、もっと一人一人との＿＿＿＿＿＿＿＿＿＿＿＿＿と

言っています。

3．この会話の最後に、あなたなら何と言いますか。🔊 **U7-02** で会話をもう一度最初から聞

いて、最後のa・bのどちらかいいほうを選んでください。

あなた⓬：〔　　a　　b　　〕

◆ **もう一度全体を聞きましょう** 🔊 **U7-03**

◆ 話しましょう

日本のお風呂についてどんなことを知っていますか。

◆ 聞きましょう

聞く前に下の「あなたカード」を読んで、「あなた」になりきって友だちの話を聞いてください。会話のあとで質問に答えてください。

Before listening, read the あなた Card below. Then, immerse yourself in the role of あなた as you listen to your friend talk. Answer the questions that come after the conversation.

あなたは……

- 親しい日本人の友だちと、歩きながら話しています。
- 露天風呂に入ってみたいと思っています。
- 日本の普通の風呂について知っていますが、露天風呂について知りません。
- 友だちに露天風呂について聞きたいです。

ことば

☐ くもる　to cloud over　　☐ 別に　separately　　☐ 景色　scenery

◆)) U7-04

あなた❶：えー、なんか、あー、あれ、入ったことある？

友だち①：あれ？

あなた❷：ええと、露天風呂。

友だち②：〔🎧　🎧　🎧　　　　〕よ。

あなた❸：どんな感じ？　露天風呂って。

友だち③：〔🎧　🎧　🎧　　　〕よね。

あなた❹：うん。

友だち④：〔🎧　🎧　🎧　　　　〕けど。

あなた❺：へー。

友だち⑤：〔🎧　🎧　🎧　　　〕あって。

あなた❻：うんうん。

友だち⑥：〔🎧　🎧　🎧　　　〕
　　　　　見られて。

あなた❼：あー。

友だち⑦：〔🎧　🎧　🎧　　　〕
　　　　　気持ちよくって。

あなた❽：いいね。

友だち⑧：〔🎧　🎧　🎧　　　〕
　　　　　んだって。

あなた❾：へー。

友だち⑨：〔🎧　🎧　🎧　　　〕
　　　　　かなー。

あなた❿：あ、そうなんだ。

友だち⑩：〔🎧　🎧　🎧　　　〕
　　　　　でしょう。

あなた⓫：そっか。

友だち⑪：〔🎧　🎧　🎧　　　〕。

◆ 質問に答えましょう

1. 友だちは、露天風呂はどんなお風呂だと言っていますか。

　　旅館などの、＿＿＿＿＿にあるお風呂です。お風呂に入りながら、＿＿＿＿＿＿＿＿＿が

　　見られて、＿＿＿＿＿＿＿＿＿も気持ちよくてすごくいいです。

2. 友だちは、露天風呂はどうして人気だと言っていますか。

　　露天風呂は＿＿＿＿＿＿＿＿＿を見ながらお風呂に入れるから人気だと言っています。

3. この会話の最後に、あなたなら何と言いますか。◆)) U7-05 で会話をもう一度最初から聞
　　いて、最後のa・bのどちらかいいほうを選んでください。

　　　　あなた⓬：〔　　a　　b　　〕

◆ もう一度全体を聞きましょう ◆)) U7-06

なりきりリスニング **3**

◆ 聞いて確認しましょう

熱海の観光案内所で、案内所の人が説明しています。説明を聞いて①～④に入ることばを書いてください。 🔊 **U7-07**

　　熱海について、少しご紹介しますね。熱海は古い温泉の町で、1200年以上の歴史があります。400年ぐらい前から、だんだん①＿＿＿＿＿＿＿＿に知られるようになりました。熱海の町は、歩くと、結構古い建物がたくさんありますので、それで少し②＿＿＿＿＿＿＿＿感じがするという人もいます。一方で、新しい建物もたくさんありますので、にぎやかな③＿＿＿＿＿＿＿＿の町と感じる人もいると思います。熱海では、一年中、花火大会がありまして、④＿＿＿＿＿＿＿＿から花火を見ることもできますので、おすすめです。お食事は、海に近いですから、やはり、おすしがおすすめですね。おみやげ屋さんも多いですから、ぜひ町を歩いてみてください。

◆ 話しましょう

熱海はどんなところですか。

◆ 聞きましょう

　聞く前に右の「あなたカード」を読んで、「あなた」になりきって友だちの話を聞いてください。会話のあとで質問に答えてください。

Before listening, read the あなた Card below. Then, immerse yourself in the role of あなた as you listen to your friend talk. Answer the questions that come after the conversation.

あなたは……

・留学生の友だちと寮のロビーで話しています。
・今度、友だちと温泉に行きたいと思っています。
・熱海について知っていますが、箱根について知りません。
・友だちに箱根がどんなところか聞きたいです。

ことば

□ひっそりとしている　quiet　□渋い　nicely low-key　□雰囲気　atmosphere

◆)) U7-08

あなた❶：えー、なんか、あー、あそこ行ったことある？

友だち①：あそこ？

あなた❷：ええと、箱根。今度友だちと温泉行こうと思ってて。

　………

あなた⓫：そっか。

友だち⑪：🎧　🎧　🎧　。

◆ 質問に答えましょう

1. 友だちは、箱根はどんなところだと言いましたか。

　　温泉と旅館だけで、ひっそりとしていて、＿＿＿＿＿＿＿＿＿＿ところだと言いました。

2. 箱根は、熱海に比べると、どうだと言っていますか。

　　箱根は熱海に比べると、＿＿＿＿＿＿＿＿と言っています。

3. この会話の最後に、あなたなら何と言いますか。 ◆)) U7-09 で会話をもう一度最初から聞いて、最後のa・bのどちらかいいほうを選んでください。

　　あなた⓬：〔　　a　　b　　〕

◆ もう一度全体を聞きましょう ◆)) U7-10

※実際には、箱根も若者が楽しめるところです。いろいろな美術館や博物館があって、ロープウェイに乗ったり、湖で船に乗ったりすることもできるので、若者にも人気です。

聞いたあとで
き

聞いて反応しよう
き　　　はんのう

　あなたは今、友だちと話しています。友だちの話を聞いて、あなたの予想と同じだった場
いま　とも　はな　　　　とも　はなし　き　　　　　よそう　おな　　　　ば
合は例1のように、初めて知って納得した場合は例2のように、合図の音⎯⎯に続けて言っ
あい　れい　　　　　　　はじ　し　　なっとく　　ばあい　れい　　　　　　あいず　おと　　　　つづ　　い
てください。

　　You're talking with a friend now. Listen to your friend and speak your part when the chime ⎯⎯ sounds. If it was just as you expected, follow example 1; if it's something you've just learned and accepted, follow example 2.

（例1）🔊 U7-11
れい

あなた：熱海、どうだった？ 行ってる間、
　　　　あたみ　　　　　　　　い　　　あいだ
　　　　天気すごく悪かったよね。
　　　　てんき　　　わる

友だち：うん、花火大会は見られなかった。
とも　　　　　　　はなびたいかい　み

あなた：⎯⎯ <u>あー、やっぱり。</u>

（例2）🔊 U7-12
れい

あなた：温泉の着替えるところに水があっ
　　　　おんせん　きが　　　　　　　みず
　　　　た。なんでかな。

友だち：熱い温泉に入ると暑いでしょう？
とも　　あつ　おんせん　はい　　あつ
　　　　だから、水が飲みたくなるんだよ。
　　　　　　　　みず　の

あなた：⎯⎯ <u>あー、たしかに。</u>

●相手が話したことが自分の考えていることと同じときは「やっぱり」と言います。また、相手の話
あいて　はな　　　　　じぶん　かんが　　　　　　　おな　　　　　　　　　　　い　　　　　　あいて　はなし
を聞いて自分も「そうだ」と思ったときは「たしかに」と言います。
き　　じぶん　　　　　　　　おも　　　　　　　　　　　　　　い

（1）🔊 U7-13

あなた：温泉入るときは、先に体を洗って
　　　　おんせんはい　　　　　さき　からだ　あら
　　　　から入るの？
　　　　　　はい

友だち：🎧　🎧　🎧　。
とも

あなた：⎯⎯ ____。

（2）🔊 U7-14

あなた：温泉に入ってお酒飲んでる写真見
　　　　おんせん　はい　　　さけの　　　しゃしんみ
　　　　たけど、本当にそんなことしても
　　　　　　　ほんとう
　　　　いいの？

友だち：🎧　🎧　🎧　。
とも

あなた：⎯⎯ ____。

（3）🔊 U7-15

あなた：温泉入るとき、「タオルを持って入ら
　　　　おんせんはい　　　　　　　　　も　　はい
　　　　ないでください」って書いてある。
　　　　　　　　　　　　　　か

友だち：🎧　🎧　🎧　。
とも

あなた：⎯⎯ ____。

（4）🔊 U7-16

あなた：温泉で泳いでみたい。温泉って泳
　　　　おんせん　およ　　　　　　おんせん　およ
　　　　いじゃダメなの？

友だち：🎧　🎧　🎧　。
とも

あなた：⎯⎯ ____。

なりきって話そう

「なりきりリスニング３」の会話に参加しましょう。「あなたカード」の内容を確認して、友だちが話したあとで、合図の音  に続けて「あなた」のパートを言ってください。

Join in the なりきりリスニング 3 conversation. First, go over the あなた Card. During the conversation, speak the part of あなた each time the chime ⤷ sounds after the friend says something.

あなたは……

- 留学生の友だちと寮のロビーで話しています。
- 今度、友だちと温泉に行きたいと思っています。
- 熱海について知っていますが、箱根について知りません。
- 友だちに箱根がどんなところか聞きたいです。

🔊 U7-17

あなた❶：えー、なんか、あー、あそこ行ったことある？

友だち①：あそこ？

あなた❷：ええと、箱根。今度友だちと温泉行こうと思ってて。

友だち②： 🎧 🎧 🎧 よ。

あなた❸：⤷どういうとこ？ 箱根って。

友だち③： 🎧 🎧 🎧 じゃん。

あなた❹：⤷うんうん。

友だち④： 🎧 🎧 🎧 けど。

あなた❺：⤷うん。

友だち⑤： 🎧 🎧 🎧 だけで。

あなた❻：⤷温泉と旅館。

友だち⑥： 🎧 🎧 🎧 してる。

あなた❼：⤷あー。

友だち⑦： 🎧 🎧 🎧 けどね。

あなた❽：⤷あー、じゃ、ちょっと、熱海とは違う感じ？

友だち⑧： 🎧 🎧 🎧 雰囲気は。

あなた❾：⤷あー、そうなんだ。

友だち⑨： 🎧 🎧 🎧 かな。

あなた❿：⤷そうなんだ。

友だち⑩： 🎧 🎧 🎧 あるし。

あなた⓫：⤷そっか。

友だち⑪： 🎧 🎧 🎧 。

あなた⓬：⤷やっぱり、熱海のほうがいいかな。

ペアで話してみよう
_{はな}

あなたの国のものと日本のもの（食べ物／電車／家　など）で、違うところがありますか。
_{くに}　　　　_{にほん}　　　　　　　_{た　もの}　_{でんしゃ}　_{いえ}　　　　　_{ちが}

ＡさんはＢさんに、Ｂさんの国のものについて聞いてください。
　　　　　　　　　　　_{くに}　　　　　　　_き

Ｂさんは、自分の国のものについて話してください。
　　　　　_{じぶん}　_{くに}　　　　　　_{はな}

Ａさんは、Ｂさんが話しやすいように、相づち（「うんうん」「へー」など）を打ったり
　　　　　　　　　　_{はな}　　　　　　　_{あい}　　　　　　　　　　　　　　　　　_う
質問したりしてください。
_{しつもん}

会話の始まりと会話の終わりは、下のように言うといいです。
_{かい　わ}　_{はじ}　　_{かい　わ}　_お　　　_{した}　　　　_い

（ 会話の始まり ）
　_{かい　わ}　_{はじ}

Ａ❶：どんな感じ？ Ｂさんの国の＿＿〔食べ物／電車／家　など〕＿＿って。
　　　　　_{かん}　　　　　　_{くに}　　_{た　もの}　_{でんしゃ}　_{いえ}

Ｂ①：〔わたし／ぼく／おれ／自分〕の国の＿＿〔食べ物／電車／家　など〕＿＿はね、ほら、えっ
　　　　　　　　　　　　_{じぶん}　　　　　_{た　もの}　_{でんしゃ}　_{いえ}
　　　と、＿＿＿＿＿＿＿＿。

Ａ❷：（例）

　　　・どんな＿＿＿＿＿＿？

　　　・日本の＿＿〔食べ物／電車／家　など〕＿＿と、どっちがいい？
　　　　　　　　　_{た　もの}　_{でんしゃ}　_{いえ}

　………

（ 会話の終わり ）
　_{かい　わ}　_お

Ａ　：へー、そうなんだ。知らなかった。／おもしろいね。
　　　　　　　　　　　　_し

リアルな会話を聞いてみよう
_{かい　わ}　_き

大学生２人が、熱海と箱根について話しています。自然な会話を、楽しみながら聞いてく
_{だいがくせいふたり}　_{あたみ}　_{はこね}　　　　　_{はな}　　　　　　_{しぜん}　_{かいわ}　　_{たの}　　　　　　_き
ださい。 �))) U7-18

ことば

□ちっちゃい＝ちいさい　　□家族連れ families　　□浸かる to soak
　　　　　　　　　　　　　　　　_{か ぞく づ}　　　　　　　_つ

復習しよう
ふくしゅう

1 人から聞いた話やインターネットで見て知っていることを友だちに伝えてください。合
図の音 ⤵💬 に続けて、例のように言ってください。

（例）　🔊 U7-19

友だち：どうして露天風呂が人気なのかな。
とも　　　　　　　　ろてんぶろ　にんき

あなた：⤵💬 ネットの情報だと、<u>自然の風景</u>
　　　　　　　　じょうほう　　　　　しぜん　ふうけい
　　　　　<u>が楽しめるから</u>なんだって。
　　　　　　　　たの
　　　　　〔自然の風景が楽しめるから〕
　　　　　　しぜん　ふうけい　たの

（1）　🔊 U7-20

友だち：🎧　🎧　🎧 ？
とも

あなた：⤵💬 温泉によって違うけどさ、＿＿＿。
　　　　　　　　おんせん　　　　ちが
　　　　　〔温泉の温度は平均40.6度だ〕
　　　　　　おんせん　おんど　へいきん　ど

（2）　🔊 U7-21

友だち：🎧　🎧　🎧 ？
とも

あなた：⤵💬 この間、ネットで見たんだけど、
　　　　　　　　あいだ　　　　　み
　　　　　＿＿＿。〔3,000ぐらいある〕

（3）　🔊 U7-22

友だち：🎧　🎧　🎧 ？
とも

あなた：⤵💬 日本人の友だちに聞いたんだけ
　　　　　　　にほんじん　とも　　き
　　　　　ど、＿＿＿。〔食事のすぐ前やす
　　　　　　　　　　　　しょくじ　　まえ
　　　　　ぐ後はよくない〕
　　　　　　あと

（4）　🔊 U7-23

友だち：🎧　🎧　🎧 ？
とも

あなた：⤵💬 ネットで見たんだけど、＿＿＿。
　　　　　　　　み
　　　　　〔玄関でスリッパに履き替える〕
　　　　　　げんかん　　　　　は　か

（5）　🔊 U7-24

友だち：🎧　🎧　🎧 ？
とも

あなた：⤵💬 友だちが言ってたけど、＿＿＿。
　　　　　　　とも　　い
　　　　　〔飲んでもいい温泉もある〕
　　　　　　の　　　　　おんせん

2 友だち🎧は何と言っていますか。例のように質問に答えてください。　🔊 U7-25
とも　　なん　い　　　　　　　　　れい　　　　　しつもん　こた

（例）友だち：箱根は熱海に比べるとしぶい、しぶいね。
れい　とも　　はこね　あたみ　くら

　　　→　Q：どちらのほうがしぶいですか。

　　　　　〔（箱根）熱海 〕のほうが＿<u>しぶい</u>＿。
　　　　　　　はこね　あたみ

（1）🎧〔　北海道　京都 〕のほうが＿＿＿＿＿＿。
　　　　　ほっかいどう　きょうと

（2）🎧〔　旅館　ホテル 〕のほうが＿＿＿＿＿＿。
　　　　　りょかん

（3）🎧〔　露天風呂　中のお風呂 〕のほうが＿＿＿＿＿＿。
　　　　　ろてんぶろ　なか　　ふろ

（4）🎧〔　露天風呂　普通の温泉 〕のほうが＿＿＿＿＿＿。
　　　　　ろてんぶろ　ふつう　おんせん

（5）🎧〔　山の中の宿　町のホテル 〕のほうが＿＿＿＿＿＿。
　　　　　やま　なか　やど　まち

3 友だちの話を聞いて、＿＿＿＿＿＿＿＿＿に入ることばを書いてください。　◀)) **U7-26**

（1）山の上にあるホテルは、建物が古くて、中に置いてあるものも＿＿＿＿＿＿＿＿感じ。

（2）ホテルと旅館を＿＿＿＿＿＿＿と、ホテルのほうが新しいイメージ。

（3）お風呂の窓って、＿＿＿＿＿＿＿いて、何も見えない。

（4）あんな高いホテルに泊まるのは、お金のない学生には＿＿＿＿＿＿＿。

（5）この通りは、いつもだれもいなくて、＿＿＿＿＿＿＿としてるかな。

🎧 ≋ 聞き取りトレーニング

音声を聞いて、＿＿＿＿にひらがな・カタカナ・漢字のどれか１文字を書いてください。

◀)) **U7-27**

　熱海について、少しご紹介しますね。熱海は古い温泉の町で、１２００年以上の歴史があります。４００年ぐらい＿＿①＿＿から、だんだん全国に知ら＿②＿るようになりました。熱海の＿＿③＿＿は、歩くと、結構古い建物が＿④＿くさんありますので、それ＿⑤＿少しなつかしい感じがする＿＿⑥＿＿いう人もいます。一方で、＿⑦＿しい建物もたくさんあります＿⑧＿で、にぎやかなリゾートの＿⑨＿と感じる人もいると思います。熱海＿⑩＿は、一年中、花火大会が＿⑪＿りまして、船から花火を見る＿⑫＿ともできますので、おすす＿⑬＿です。お食事は、海に近いです＿⑭＿ら、やはり、おすしがおすすめ＿⑮＿すね。おみやげ屋さんも多い＿⑯＿すから、ぜひ、町を歩いてみてください。

ユニット Unit **8**

旅行に行ったけど
りょこう　　い

So, I Went on a Trip

このユニットを聞くときのポイント

● すでに知っている情報と相手から聞いた情報を合わせて理解する。
し　　　　　じょうほう　　　　　　き　じょうほう　あ　　　　りかい

Use the information you already know and the information you pick up from the conversation to put together the pieces of the puzzle.

● 複数の情報をまとめて理解する。
ふくすう　じょうほう　　　　　りかい

Put together the various bits of information to understand what was said.

会話を聞こう
かいわ き

なりきりリスニング 1

◆ 話しましょう
はな

1. 北海道はどんなところか知っていますか。
   ほっかいどう   し

2. 北海道の広さはどのぐらいでしょうか。一番大きさの近い島を選んでください。
   ほっかいどう ひろ   いちばんおお   ちか しま えら

北海道 ほっかいどう	a. タスマニア島 とう	b. スリランカ島 とう	c. アイルランド島 とう

◆ 聞きましょう
き

聞く前に下の「あなたカード」を読んで、「あなた」になりきって友だちの話を聞いてく
き まえ した   よ   とも はなし き
ださい。会話のあとで質問に答えてください。
かいわ   しつもん こた

Before listening, read the あなた Card below. Then, immerse yourself in the role of あなた as you listen to your friend talk. Answer the questions that come after the conversation.

あなたは……

- 親しい友だちと、あなたが買ってきたおみやげを食べながら話しています。
  した とも   か   た   はな
- 友だちに旅行の思い出について聞きたいです。
  とも りょこう おも で   き
- 北海道が広いことを知っています。
  ほっかいどう ひろ   し
- 友だちがバイクに乗るのが好きなことを知っています。
  とも   の   す   し

ことば
☐バイク motorcycle　☐周る to go around　☐一周する to make a full circuit　☐超〜 super 〜
        まわ   いっしゅう   ちょう

U8-01

あなた❶：なんか、旅行の思い出ってある？

友だち①：その、おれねー、その、去年の夏？

あなた❷：うん。

友だち②：＿＿＿＿＿＿けど。

あなた❸：あー、北海道ね。

友だち③：＿＿＿＿＿＿けど。

あなた❹：うん。

友だち④：＿＿＿＿＿＿知ってる？

あなた❺：そうそう。北海道大きいんだよね。

友だち⑤：＿＿＿＿＿＿書いてあって。

あなた❻：そうそうそうそう。

友だち⑥：＿＿＿＿＿＿周ったんだ。

あなた❼：そんな短い間に周ったんだ。

友だち⑦：＿＿＿＿＿＿走る。

あなた❽：それ、ちょっとやばいよ。

友だち⑧：＿＿＿＿＿＿止まらない。

あなた❾：え、それ意味ないじゃん。

友だち⑨：＿＿＿＿＿＿走り続ける。

あなた❿：超疲れるじゃん。

友だち⑩：＿＿＿＿＿＿から。

あなた⓫：へー。

友だち⑪：＿＿＿＿＿＿周ったんだ。

◆ 質問に答えましょう

1．あなたは友だちの話を聞いて「やばい」と思いました。何がやばいですか。

北海道は＿＿＿＿＿＿のに、毎日＿＿＿＿＿＿以上走って＿＿＿＿＿＿で周ったことです。

2．友だちは北海道をどのように旅行しましたか。

バイクを＿＿＿＿＿＿ないで＿＿＿＿＿＿日で旅行しました。

3．この会話の最後に、あなたなら何と言いますか。U8-02 で会話をもう一度最初から聞いて、最後のa・bのどちらかいいほうを選んでください。

あなた⓬：〔　a　　b　〕

◆ もう一度全体を聞きましょう U8-03

◆ 話しましょう

あなたの国におすすめの水族館がありますか。その水族館は人気がありますか。

◆ 聞きましょう

聞く前に下の「あなたカード」を読んで、「あなた」になりきって友だちの話を聞いてください。会話のあとで質問に答えてください。

Before listening, read the あなた Card below. Then, immerse yourself in the role of あなた as you listen to your friend talk. Answer the questions that come after the conversation.

あなたは……

- 親しい友だちと、スマートフォンの写真を見ながら、話しています。
- 友だちに旅行の思い出について聞きたいです。
- 東京に住んでいます。
- 東京から沖縄の水族館までが遠いことを知っています。

水族館

那覇空港

空港から水族館まで
車で2時間、
バスで3時間

1年間に300万人以上の人が来る

ことば

□ ぎりぎり　last minute 　□ ぼーっと　dazedly 　□ たしかに　certainly

🔊 U8-04

あなた❶：なんか、旅行の思い出ってある？

友だち①：その、わたしねー、その、先月？

あなた❷：うん。

友だち②：🎧　🎧　🎧＿＿＿＿けど。

あなた❸：あー、沖縄ね。

友だち③：🎧　🎧　🎧＿＿＿＿けどさ。

あなた❹：うん。

友だち④：🎧　🎧　🎧＿＿＿＿知ってる？

あなた❺：あー、聞いたことある。

友だち⑤：🎧　🎧　🎧＿＿＿＿とこでね。

あなた❻：へー。

友だち⑥：🎧　🎧　🎧＿＿＿＿よ。

あなた❼：え、そんなに行ったんだ。

友だち⑦：🎧　🎧　🎧＿＿＿＿行ってる。

あなた❽：それ、ちょっとすごいよ。

友だち⑧：🎧　🎧　🎧＿＿＿＿から。

あなた❾：え、いいじゃん。

友だち⑨：🎧　🎧　🎧＿＿＿＿見られるし。

あなた❿：超いいじゃん。

友だち⑩：🎧　🎧　🎧＿＿＿＿いられるし。

あなた⓫：おー。

友だち⑪：🎧　🎧　🎧＿＿＿＿行ったんだ。

◆ 質問に答えましょう

1．あなたは友だちの話を聞いて「すごい」と思いました。何がすごいですか。

　　水族館は＿＿＿＿＿＿のに、今までに＿＿＿＿回＿＿＿＿＿＿ことがあることです。

2．友だちは水族館にいつ行くといいと言っていますか。

　　　　　　＿＿＿＿＿＿＿＿＿＿＿＿＿に行くといいと言っています。

3．この会話の最後に、あなたなら何と言いますか。 🔊 U8-05 で会話をもう一度最初から聞いて、最後のa・bのどちらかいいほうを選んでください。

　　　あなた⓬：〔　　a　　b　　〕

◆ もう一度全体を聞きましょう 🔊 U8-06

なりきりリスニング3

◆ 聞いて確認しましょう

あなたは宮島にできるだけ安く行きたいと思っています。駅で駅員が「青春18きっぷ」について説明しています。説明を聞いて、①〜④に入ることばを書いてください。 🔊 U8-07

「青春18きっぷ」というのはですね、JRの特別切符で、春休み、夏休み、冬休みの間だけ使える切符なんです。1枚で5回乗れるんですけど、5回で12,050円です。1回分の切符で一日中①＿＿＿＿＿放題なんです。0時から24時までの間、②＿＿＿＿＿電車だったらどこまでも行くことができるんですよ。あ、新幹線は乗ることができないんですけど。ですから、時間はかかりますが、お金をかけないで旅行したいという方にはとてもいい切符なんです。例えば、東京から宮島まで③＿＿＿＿＿＿＿を使って行くと5時間ぐらいで着きますが、2万円ほどかかります。でも、もし青春18きっぷで行くと、2,500円ぐらいで行けるんですよ。まあ、16時間ぐらいかかりますけどね。宮島に行く④＿＿＿＿＿＿もこの切符で乗ることができますよ。

※オプション券を購入することで一部新幹線に乗ることができるところがあります。
※2021年現在の情報です。料金などは改訂されることがあります。

◆ 話しましょう

宮島はどんなところですか。

> 宮島：広島県の広島湾にある島で、フェリーで行くことができる。広さ約30km²。世界文化遺産の厳島神社がある。

広島県

宮島

◆ 聞きましょう
き

聞く前に下の「あなたカード」を読んで、「あなた」になりきって友だちの話を聞いてく
き　まえ　した　　　　　　　　　　　　　　よ　　　　　　　　　　　　　　　　　　とも　　はなし　き
ださい。会話のあとで質問に答えてください。
かいわ　　　　　しつもん　こた

Before listening, read the あなた Card below. Then, immerse yourself in the role of あなた as you listen to your friend talk. Answer the questions that come after the conversation.

あなたは……

・カフェで親しい友だちと話しています。
　　　した　とも　　はな
・友だちに旅行の思い出について聞きたいです。
　とも　　りょこう　おも　で　　　　　　き
・東京に住んでいます。
　とうきょう　す
・宮島がどこにあって、どんな島か知っています。
　みやじま　　　　　　　　　　　しま　し
・「青春18きっぷ」がどんな切符か知っています。
　せいしゅん　　　　　　　　　　きっぷ　し

ことば

□（熱が）下がる to go down　□宿 inn　□ゲストハウス guesthouse　□一泊 one-night stay
　　ねつ　さ　　　　　　　　　　やど　　　　　　　　　　　　　　　　　　　　　いっぱく

🔊 U8-08

あなた❶：なんか、旅行の思い出ってある？
　　　　　　　　りょこう　おも　で

友だち①：その、おれもねー、その、前、前の年の今ごろ？
とも　　　　　　　　　　　　　　　まえ　まえ　とし　いま

あなた❷：うん。

友だち②：🎧　🎧　🎧　　　けど。
とも

あなた❸：あー、宮島ね。
　　　　　　　みやじま

　………

友だち⑩：🎧　🎧　🎧　いたんだ。
とも

◆ 質問に答えましょう
しつもん　こた

1．あなたは友だちの話を聞いて「やばい」と思いました。何がやばいですか。
　　　　　　とも　　はなし　き　　　　　　　　　　おも　　　　　なに

　　　風邪をひいて＿＿＿＿＿が下がらなくて、宮島に＿＿＿＿＿＿＿もいたことです。
　　　かぜ　　　　　　　　　　さ　　　　　　みやじま

2．友だちは宮島で、どんなところに泊まりましたか。
　とも　　みやじま　　　　　　　　　と

　　　1泊＿＿＿＿＿＿円の＿＿＿＿＿＿＿＿＿＿＿＿に泊まりました。
　　　ぱく　　　　　　えん　　　　　　　　　　　　　　　　と

3．この会話の最後に、あなたなら何と言いますか。🔊 U8-09 で会話をもう一度最初から聞
　　　かいわ　さいご　　　　　　　　なん　い　　　　　　　　　　　　　かいわ　　　いちど さいしょ　き
　いて、最後のa・bのどちらかいいほうを選んでください。
　　　　さいご　　　　　　　　　　　　　えら

　　　あなた⓫：〔　　a　　b　　〕

◆ もう一度全体を聞きましょう 🔊 U8-10
　　いちど ぜんたい　き

聞いたあとで
き

聞いて反応しよう
き　　　　はんのう

あなたは今、友だちと話しています。友だちの話を聞いて少しびっくりしました。例のように、合図の音 ≫● に続けて言ってください。
いま　とも　　　　はな　　　　　　　　　　とも　　　　はなし　き　　　　すこ　　　　　　　　　　れい
あいず　おと　　　　つづ　　い

You're talking with a friend now. As you listen to your friend, you are a little surprised by what he/she says. Following the example, speak your part when the chime ≫● sounds.

（例） 🔊 U8-11
れい

◆あなたは宮島がどのぐらいの大きさか知りません。
　　　　　みやじま　　　　　　　　　　おお　　　し

　友だち：宮島って、30平方キロぐらいで
　とも　　　みやじま　　　へいほう

　　　　　すごい<u>小さい</u>んだよ。
　　　　　　　　ちい

　あなた：≫●え、そんなに<u>小さい</u>んだ。
　　　　　　　　　　　　　ちい

> ●相手の話を聞いて、新しいこ
> あいて　はなし　き　　あたら
> とを知っておどろいたときに
> し
> 「そんなに〜んだ」と言います。
> い

（1） 🔊 U8-12

◆あなたはマダガスカルがどのぐらいの
　広さか知りません。
　ひろ　　し

　友だち：🎧　🎧　🎧　。
　とも

　あなた：≫●＿＿＿。

（2） 🔊 U8-13

◆あなたは大阪が京都からどのぐらい
　　　　　おおさか　きょうと
　近いか知りません。
　ちか　　し

　友だち：🎧　🎧　🎧　。
　とも

　あなた：≫●＿＿＿。

（3） 🔊 U8-14

◆あなたはスカイツリーが何メートル
　　　　　　　　　　　なん
　あるか知りません。
　　　　し

　友だち：🎧　🎧　🎧　。
　とも

　あなた：≫●＿＿＿。

（4） 🔊 U8-15

◆あなたは東京から京都までバスで
　　　　　とうきょう　きょうと
　何時間かかるか知りません。
　なんじかん　　　　し

　友だち：🎧　🎧　🎧　。
　とも

　あなた：≫●＿＿＿。

（5） 🔊 U8-16

◆あなたはアマゾン川が何キロメートル
　　　　　　　　　がわ　なん
　あるか知りません。
　　　　し

　友だち：🎧　🎧　🎧　。
　とも

　あなた：≫●＿＿＿。

なりきって話そう

「なりきりリスニング３」の会話に参加しましょう。「あなたカード」の内容を確認して、友だちが話したあとで、合図の音 ≫● に続けて「あなた」のパートを言ってください。

Join in the なりきりリスニング３ conversation. First, go over the あなた Card. During the conversation, speak the part of あなた each time the chime ≫● sounds after the friend says something.

あなたは……

- カフェで親しい友だちと話しています。
- 友だちに旅行の思い出について聞きたいです。
- 東京に住んでいます。
- 宮島がどこにあって、どんな島か知っています。
- 「青春18きっぷ」がどんな切符か知っています。

◁》U8-17

あなた❶：なんか、旅行の思い出ってある？

友だち①：その、おれもねー、その、前、前の年の今ごろ？

あなた❷：うん。

友だち②：🎧🎧🎧　けど。

あなた❸：≫●あー、宮島ね。

友だち③：🎧🎧🎧　けどさ。

あなた❹：≫●うん。

友だち④：🎧🎧🎧　知ってる？

あなた❺：≫●そうそう、フェリーも　乗れるんだよ。

友だち⑤：🎧🎧🎧　ね。

あなた❻：≫●そうそうそうそう。

友だち⑥：🎧🎧🎧　よ。

あなた❼：≫●そんないたんだ。

友だち⑦：🎧🎧🎧　下がらなくって。

あなた❽：≫●それ、ちょっとやばいよ。

友だち⑧：🎧🎧🎧　一泊。

あなた❾：≫●え、安いじゃん。

友だち⑨：🎧🎧🎧　使えて。

あなた❿：≫●超安いじゃん。

友だち⑩：🎧🎧🎧　いたんだ。

あなた⓫：≫●そうなんだ。たしかに青春18きっぷで帰るのも大変だもんね。

ペアで話してみよう

Ａさんはいさんに、旅行の思い出について聞いてください。

Ｂさんは、旅行の思い出について話してください。何か忘れられない思い出がありますか。

Ａさんは、Ｂさんが話しやすいように、相づち（「うんうん」「へー」など）を打ったり質問したりしてください。

会話の始まりと会話の終わりは、下のように言うといいです。

```
会話の始まり
```

Ａ❶：なんか、旅行の思い出ってある？

Ｂ①：そうだね。その、〔わたし／ぼく／おれ／自分〕ねー、＿＿＿（いつ、どこに行って、何をした　など）＿＿＿。

Ａ❷：(例)

　・それで？

　・それから？

　………

```
会話の終わり
```

Ａ　：へー、そうなんだ。／へー、それはよかったね。／へー、それは大変だったね。

リアルな会話を聞いてみよう

大学生2人が、宮島旅行について話しています。自然な会話を、楽しみながら聞いてください。 ♪U8-18

こ と ば

□2段ベッド　bunk bed

復習しよう
ふくしゅう

1 あなたは友だちと話しています。合図 ≫● の音に続けて、例のように言ってください。
とも　　　はな　　　　　あいず　　　おと　つづ　　　れい　　い

（例） 🔊 U8-19
れい

　友だち：あのお菓子どうだった？
　とも　　　　　　　かし

　あなた：≫●〔おいしい〕おいしくって、

　　　　　　一人で全部食べた。
　　　　　ひとり　ぜんぶ　た

> ●友だちなど親しい人と話してい
> とも　　　　　した　ひと　はな
> て、い形容詞や「ない」を使っ
> 　　　けいようし　　　　　つか
> て理由を言うとき、「〜くって」
> 　りゅう　い
> となることがあります。

（1）🔊 U8-20

　友だち：　🎧　🎧　🎧　　？
　とも

　あなた：≫●〔楽しい〕＿＿＿、毎日、料理作ってる。
　　　　　　　たの　　　　　　まいにち　りょうりつく

（2）🔊 U8-21

　友だち：　🎧　🎧　🎧　　？
　とも

　あなた：≫●それがさ、買い物しようとしたら、さいふ〔ない〕＿＿＿、何も買えなかった。
　　　　　　　　　　　　か　もの　　　　　　　　　　　　　　　　なに　か

（3）🔊 U8-22

　友だち：　🎧　🎧　🎧　　？
　とも

　あなた：≫●〔おもしろい〕＿＿＿、やめられないんだよね。

（4）🔊 U8-23

　友だち：　🎧　🎧　🎧　　？
　とも

　あなた：≫●ちょっと待って。荷物が〔重い〕＿＿＿。
　　　　　　　　　　　ま　　　　にもつ　　おも

（5）🔊 U8-24

　友だち：　🎧　🎧　🎧　　？
　とも

　あなた：≫●バイト代たくさん入って、〔うれしい〕＿＿＿。
　　　　　　　　　　だい　　　　　はい

2 あなたは今、友だちと話しています。友だちはどう言っていますか。会話のあとの質問を聞いて答えてください。 🔊 U8-25

（例）あなた：水族館、何回も行ったんだって？

友だち：うん。大きい魚、泳いでいるのを、静かなとこでぼーっと見てさ。それがよくって５回も行ったんだ。

Q ：友だちは何がよかったと言いましたか。

A ：大きい<u>魚／魚が泳いでいるの</u>を<u>静かな</u>ところで見ることです。

（1）あなた：北海道に行ったんだって？

友だち： 🎧 🎧 🎧 。

Q ： 🎧 🎧 🎧 。

A ：町によって＿＿＿＿＿＿＿が全然＿＿＿＿＿＿＿ことです。

（2）あなた：富士山登るの、どうだった？ 大変だった？

友だち： 🎧 🎧 🎧 。

Q ： 🎧 🎧 。

A ：＿＿＿＿＿＿＿と＿＿＿＿＿＿＿が強い日に登りました。

（3）あなた：スカイツリーに１日いたの？

友だち： 🎧 🎧 🎧 。

Q ： 🎧 🎧 🎧 。

A ：＿＿＿＿＿＿＿たり＿＿＿＿＿＿＿たりしたことです。

（4）あなた：大阪で、いいとこ、泊まったんだって？

友だち： 🎧 🎧 🎧 。

Q ： 🎧 🎧 🎧 。

A ：朝ごはんが＿＿＿＿＿＿＿で部屋が＿＿＿＿＿＿＿ところに泊まりました。

（5）あなた：京都で写真いっぱい撮ったんだって？

友だち： 🎧 🎧 🎧 。

Q ： 🎧 🎧 🎧 。

A ：桜が＿＿＿＿＿＿＿ところや赤い鳥居が＿＿＿＿＿＿＿ところの写真を撮りました。

3 友だちの話を聞いて、＿＿＿＿＿＿に入ることばを書いてください。 U8-26

（1）海の近くに温泉がある古い＿＿＿＿＿＿＿＿＿があって、そこに泊まって。

（2）空港から車で２時間ぐらいのところに＿＿＿＿＿＿＿＿＿があって、そこ、めずらしい魚がいっぱいいて。

（3）港からそこの＿＿＿＿＿＿＿＿＿までフェリーで10分ぐらいで 。

（4）ホテルからフェリー＿＿＿＿＿＿＿＿＿まで100メートルくらいだった。

（5）そのホテル、＿＿＿＿＿＿＿＿＿6,000円で、ごはんもおいしくて。

聞き取りトレーニング

音声を聞いて、＿＿＿にひらがな・カタカナ・漢字のどれか１文字を書いてください。

U8-27

「青春18きっぷ」というのはですね、ＪＲの特別切符で、春休み、夏休み、冬休みの間だけ使える切符なんです。１枚で５回乗れ＿＿①んですけど、５回＿＿②12,050円です。１回分の切符で＿＿③日中乗り放題なんです。０＿＿④から24時までの間、普＿＿⑤電車だったらどこまで＿＿⑥行くことができるんで＿＿⑦。あ、新幹線は乗るこ＿＿⑧ができないんですけど。＿＿⑨すから、時間はかかります＿＿⑩、お金をかけないで旅＿＿⑪したいという方には、と＿＿⑫もいい切符なんです。例＿＿⑬ば、東京から宮島まで新幹線＿＿⑭使って行くと５時間ぐ＿＿⑮いで着きますが、２万円＿＿⑯どかかります。でも、もし青＿＿⑰18きっぷで行くと、2,500円＿＿⑱らいで行けるんです＿＿⑲。まあ、16時間ぐらいかか＿＿⑳ますけどね。宮島に行くフェ＿＿㉑ーもこの切符で乗ることができますよ。

※p. 098の答え：c

語彙リスト

◎：「ことば」として英訳が付いている語彙　□：「練習のポイント」に出ている語彙

ユニット **1**　みんなでたこ焼き

◆会話を聞こう

なりきりリスニング 1

親しい　（したしい）
◎ たこ焼き器　（たこやきき）
◎ 気づく　（きづく）
◎ わざわざ
全体　（ぜんたい）

なりきりリスニング 2

握りずし　（にぎりずし）
巻きずし　（まきずし）
ちらしずし
手巻きずし　（てまきずし）
カフェ
◎ のり
◎ 材料　（ざいりょう）
◎ わいわい
◎ エビ
◎ きゅうり
◎ 巻く　（まく）
寮　（りょう）
親　（おや）
届く　（とどく）

なりきりリスニング 3

◎ 和歌　（わか）
◎ 江戸時代　（えどじだい）
百人一首　（ひゃくにんいっしゅ）
かるた
恋　（こい）
かるた大会　（かるたたいかい）
愛する　（あいする）
◎ 本気　（ほんき）
たまたま
おれ

◆聞いたあとで

聞いて反応しよう

温泉　（おんせん）
お湯　（おゆ）
〜度　（〜ど）
やばい
マイナス
□ 感じる　（かんじる）

話してみよう

ペア
相づち　（あいづち）

リアルな会話を聞いてみよう

◎ ボードゲーム
◎ マージャン
◎ じゃらじゃらする
◎ 雀荘　（じゃんそう）
◎ 深夜　（しんや）
◎ 小6　（しょう6）
歴　（れき）
◎ 初心者　（しょしんしゃ）

◆復習しよう

カラオケ屋　（カラオケや）
大声　（おおごえ）
アニメ
駅前　（えきまえ）
バイト
〜先　（〜さき）
ふだん
たまたま
ジュース

ユニット **2** だぶった！

だぶる

◆会話を聞こう

なりきりリスニング1

親しい （したしい）

種類 （しゅるい）

◎ 昔から （むかしから）

◎ ビーフカレー

◎ なつかしい

◎ チキンカレー

◎ 偶然 （ぐうぜん）

カレーライス

感じ （かんじ）

おれ

おんなじ＝同じ （おなじ）

なりきりリスニング2

クラスメート

◎ 仕事用 （しごとよう）

◎ 趣味が違う （しゅみがちがう）

◎ 柄 （がら）

◎ なぞ

まったく

なりきりリスニング3

重なる （かさなる）

単位 （たんい）

学年 （がくねん）

ちゃんと

◎ サークル

◎ 持ち寄り （もちより）

ポテトサラダ

いろんな

◆聞いたあとで

聞いて反応しよう

チーズ

めっちゃ

派手な （はでな）

おみやげ

北海道 （ほっかいどう）

ホワイトチョコレート

バスケ

ライブ

グループ

ペアで話してみよう

共通 （きょうつう）

リアルな会話を聞いてみよう

かぶる

入れ替わる （いれかわる）

可能性 （かのうせい）

◆復習しよう

新宿 （しんじゅく）

うどん

ユニット **3** 健康にはスムージー
けんこう

健康 （けんこう）

◎ スムージー

◆会話を聞こう

なりきりリスニング1

親しい （したしい）

◎ 意外と （いがいと）

◎ 体に悪い （からだにわるい）

◎ 習慣 （しゅうかん）

ランニング

ちゃんと

調子 （ちょうし）

たしかに
シューズ
かっこいい
やる気　（やるき）

なりきりリスニング2
◎　トレーナー
　　トレーニング
◎　体を動かす　（からだをうごかす）
◎　やる気が出る　（やるきがでる）
　　ジム
　　アニメ
　　バカ

なりきりリスニング3
　　話題　（わだい）
　　なめらかな
　　栄養　（えいよう）
　　もともと
　　広がる　（ひろがる）
　　モデル
　　タレント
　　人気　（にんき）
　　コンビニ
　　見かける　（みかける）
　　おしゃれな
　　納豆　（なっとう）
◎　朝（ごはん）を抜く　（あさごはんをぬく）

◎　めっちゃ＝めちゃくちゃ
◎　バランスが悪い　（バランスがわるい）
　　気持ちいい　（きもちいい）
　　やばい

◆ 聞いたあとで
聞いて反応しよう
　　早起き　（はやおき）
　　いろんな
□　相手　（あいて）
□　くり返す　（くりかえす）

ペアで話してみよう
　　ペア
　　相づち　（あいづち）

リアルな会話を聞いてみよう
　　学部　（がくぶ）
　　気をつかう　（きをつかう）
　　日々　（ひび）

◆復習しよう
　　コーラ
　　ゴロゴロする
　　あんまり
　　えらい
　　温かい　（あたたかい）
　　緑色　（みどりいろ）

ユニット4　桜の下でランニング
さくら　した

　　桜　（さくら）
　　ランニング

◆会話を聞こう
なりきりリスニング1
　　サークル
　　ミーティング

　　後輩　（こうはい）
◎　地元　（じもと）
◎　土日　（どにち）
　　めっちゃ＝めちゃくちゃ
　　とっても
　　マイビーチ
　　鎌倉　（かまくら）

なりきりリスニング2

◎ スキー場 （スキーじょう）
◎ 滑る （すべる）
　 長野 （ながの）

なりきりリスニング3

　 交流会 （こうりゅうかい）
　 近づく （ちかづく）
　 商品 （しょうひん）
　 食器 （しょっき）
　 文房具 （ぶんぼうぐ）
　 合わせる （あわせる）
　 上野 （うえの）

◆ 聞いたあとで

聞いて反応しよう

　 ラーメン屋 （ラーメンや）

ペアで話してみよう

　 誘う （さそう）

リアルな会話を聞いてみよう

◎ 時期 （じき）
◎ 早朝 （そうちょう）
◎ 昼間 （ひるま）
◎ ひとりじめ
◎ 駒込 （こまごめ）
◎ 山手線 （やまのてせん）
◎ 東大＝東京大学
　　　（とうだい＝とうきょうだいがく）

◆ 復習しよう

東京 （とうきょう）
気温 （きおん）
覚ます （さます）
キャンプ

ユニット 5　なんかいいことあった？

◆ 会話を聞こう

なりきりリスニング1

　 テニスサークル
　 手作り （てづくり）
◎ 授業をとる （じゅぎょうをとる）
◎ 男子 （だんし）

なりきりリスニング2

　 飼う （かう）
　 親しい （したしい）
◎ 仲（が／の）いい （なか（が／の）いい）
◎ 飼い主 （かいぬし）

なりきりリスニング3

　 部 （ぶ）
　 違い （ちがい）
　 大会 （たいかい）
　 後輩 （こうはい）

　 ～に対して （～にたいして）
　 クラブ
　 イベント
　 恋人 （こいびと）
　 恋愛 （れんあい）
　 出会う （であう）
◎ 話が合う （はなしがあう）
　 恋愛話 （れんあいばなし）
　 バイト
　 土日 （どにち）
　 渋谷 （しぶや）

◆ 聞いたあとで

聞いて反応しよう

　 スカイツリー
　 デート
　 おにぎり
　 東京 （とうきょう）

大阪　（おおさか）

リアルな会話を聞いてみよう

◎ 飲み会　（のみかい）
　　定期的に　（ていきてきに）
◎ 保育士　（ほいくし）
◎ 目が合う　（めがあう）
◎ 淡い　（あわい）

常に　（つねに）
◎ 期待を抱く　（きたいをだく）

◆復習しよう
　　ガイドブック
　　鎌倉　（かまくら）
　　ランチ
　　チーム

ユニット **6**　　これがおすすめ

おすすめ

◆会話を聞こう

なりきりリスニング 1

楽器　（がっき）
アコースティックギター
エレキギター
◎ はまる
◎ バンド
◎ 曲　（きょく）
◎ ネット
　　感じ　（かんじ）
　　おれ
　　人気　（にんき）

なりきりリスニング 2

和菓子　（わがし）
和カフェ　（わカフェ）
カフェ
日本茶　（にほんちゃ）
◎ 静岡　（しずおか）
◎ 緑茶　（りょくちゃ）
◎ 飲み放題　（のみほうだい）
◎ 自然　（しぜん）
◎ 最高　（さいこう）
◎ 印象的な　（いんしょうてきな）
　　とこ＝ところ

ゴールデンウイーク
ドライブ
サービス
すてきな
リラックス
食べ放題　（たべほうだい）

なりきりリスニング 3

（お）餅　（もち）
餅つき大会　（もちつきたいかい）
お年寄り　（おとしより）
行事　（ぎょうじ）
オーブントースター
電子レンジ　（でんしレンジ）
電動　（でんどう）
餅つき器　（もちつきき）
砂糖じょうゆ　（さとうじょうゆ）
あんこ
きなこ
のり
ベンチ
親しい　（したしい）
◎ 衝撃的な　（しょうげきてきな）
◎ 餅つき　（もちつき）
◎ スパイス
　　誘う　（さそう）
　　横浜　（よこはま）

インド
カレーライス

◆聞いたあとで

聞いて反応しよう

方法 （ほうほう）
抹茶 （まっちゃ）
抹茶アイス （まっちゃアイス）
閉店 （へいてん）

リアルな会話を聞いてみよう

◎ 主催 （しゅさい）
　仕事に就く （しごとにつく）
◎ トッピング

◆復習しよう

トマトパスタ
トマトサラダ
グリーンサラダ
麺 （めん）
卵焼き （たまごやき）
実家 （じっか）

ユニット 7　温泉大好き
おんせんだいす

温泉 （おんせん）

◆会話を聞こう

なりきりリスニング 1

サービス
テニスサークル
◎ たたみ
◎ ふとんをしく
◎ 苦手 （にがて）
　感じ （かんじ）
　たしかに

なりきりリスニング 2

露天風呂 （ろてんぶろ）
◎ くもる
　気持ちいい （きもちいい）
　人気 （にんき）
　きつい
　とこ＝ところ

なりきりリスニング 3

熱海 （あたみ）
観光 （かんこう）

案内所 （あんないじょ）
全国 （ぜんこく）
なつかしい
一方 （いっぽう）
リゾート
感じる （かんじる）
一年中 （いちねんじゅう）
花火大会 （はなびたいかい）
おすすめ
おみやげ屋 （おみやげや）
寮 （りょう）
ロビー
箱根 （はこね）
◎ ひっそりとしている
◎ しぶい
◎ 雰囲気 （ふんいき）
　ビーチ

◆聞いたあとで

聞いて反応しよう

着替える （きがえる）
タオル
相手 （あいて）

恋人　（こいびと）

デート

のんびりする

ちっちゃい＝小さい　（ちいさい）

家族連れ　（かぞくづれ）

浸かる　（つかる）

◆ **復習しよう**

情報　（じょうほう）

温度　（おんど）

平均　（へいきん）

履き替える　（はきかえる）

周る　（まわる）

京都　（きょうと）

移動　（いどう）

数　（かず）

宿　（やど）

イメージ

ユニット 8　　旅行に行ったけど
　　　　　　　　りょこう　　い

◆ **会話を聞こう**

なりきりリスニング 1

北海道　（ほっかいどう）

広さ　（ひろさ）

タスマニア島　（タスマニアとう）

スリランカ島　（スリランカとう）

アイルランド島　（アイルランドとう）

親しい　（したしい）

おみやげ

思い出　（おもいで）

◎ バイク

◎ 周る　（まわる）

◎ 一周する　（いっしゅうする）

◎ 超〜　（ちょう〜）

ネット

やばい

とにかく

気持ちいい　（きもちいい）

なりきりリスニング 2

おすすめ

水族館　（すいぞくかん）

人気　（にんき）

スマートフォン

東京　（とうきょう）

沖縄　（おきなわ）

◎ ぎりぎり

◎ ぼーっと

◎ たしかに

すっごい＝すごい

とこ＝ところ

なりきりリスニング 3

宮島　（みやじま）

駅員　（えきいん）

青春18きっぷ　（せいしゅん18きっぷ）

〜回分　（〜かいぶん）

乗り放題　（のりほうだい）

ですから

フェリー

カフェ

◎ （熱が）下がる　（ねつがさがる）

◎ 宿　（やど）

◎ ゲストハウス

◎ 一泊　（いっぱく）

おれ

広島　（ひろしま）

乗り場　（のりば）

◆聞いたあとで

聞いて反応しよう

平方キロ　（へいほうキロ）

マダガスカル

東京タワー　（とうきょうタワー）

アマゾン川　（アマゾンがわ）

恋人　（こいびと）

リアルな会話を聞いてみよう

２段ベッド　（２だんベッド）

◆復習しよう

一人暮らし　（ひとりぐらし）

富士山　（ふじさん）

キャラクター

食べ放題　（たべほうだい）

鳥居　（とりい）

あとがき

　多様性の増大、長引くコロナ禍、さらにディジタル技術の驚異的発達により人は顔を合わさなくても仕事ができるという時代を産んでしまったようです。しかし、その結果、人と人とのつながりはどうなってしまうのでしょう。そのような背景の中、「雑談」つまり「おしゃべり」の意義がこれほどまで見直されることもなかったと言えるでしょう。雑談の果たす究極の役割は人と人の間に存在する時間的空間、さらに何よりも心理的距離を埋めることであり、それは、また、「質疑応答」といった形式張った方法ではなく、自然に始まり（始め）、自然に終わる（終える）という特徴を持ちます。ヒューマン・コミュニケーションの根本を成すものであり、母語話者はもちろん、当該の言語を学ぶ第二言語使用者にとっても必須の課題と言えるでしょう。それも、学習初期からその能力の育成を始めるという考えで本書の制作に取り組みました。

　本書に先行する私たち、同じ著者による『生きた会話を学ぶ中級から上級へのなりきりリスニング』（2016 ジャパンタイムズ出版）においても、自然な日本語によるコミュニケーション能力の育成を目指し、学習者がその場の「当事者」になり、「リアルな」日本語に触れ、聞いて会話に参加する力が身につくよう設計しました。その後も、大学生の若者が交わす多くの雑談を収集、分析した結果、若者の会話は、語彙、語句に「現代性」があるものの、構造的に複雑なものだけでなく、初中級レベルの学習者にも十分学習可能なものもあることがわかりました。本書では、そういった「現代性」のある、しかしそれほど複雑ではない会話を取り上げ、共感を持って聞き、話題をさらに発展させられる力の育成を重要なポイントとしました。

　このように新しい考えに基づいた、聞いて会話に参加する力を養うリスニング教材ですが、もちろん、多くの方々からの協力なくして実現することはできませんでした（末尾に掲載）。特に自然で、生き生きとした楽しい雑談データを提供してくださった多くの方々、教材の試行や web 用教材のために自然な会話の再現録音にご協力いただいた方々には、心から感謝しております。本書は自然な会話を基に教材化しましたが、教材のための会話を選ぶまでは大変な苦労でした。まず、学生にとって身近な話題を選んだうえで、それを目安に雑談し、収録してもらえるよう依頼し、何十時間もの録音データを集めました。その中から、長さ、内容などが教材化に適した、初中級レベルの学習者にも理解でき楽しんで参加してもらえそうな、またリアルな日本の若者の文化が感じられる部分を探し出して選びました。

しかし、その裏にはここに取り上げることができなかった貴重な会話も数知れずあります。また、教材の試行の際には、国内外の教育機関の学生や先生方にも大変お世話になりました。この場を借りて深くお礼を申し上げます。

　また、最後になりましたが、株式会社ジャパンタイムズ出版日本語出版編集部の関戸千明さん、岡本江奈さんには、本に仕上げるまできめ細かくご対応いただき、多くの時間と労力をかけて伴走いただき感謝の念に堪えません。

　時代は AI のやりとりへと進んでいますが、AI には難しい自然な人と人のつながり、特に、日本語を第二言語として学習する方々とのつながりを可能にするために、本書が多少なりとも日本語教育の発展に役立つことを切望しています。

2021 年秋

鎌田修（監修）

山森理恵

金庭久美子

奥野由紀子

ご協力いただいた皆様（五十音順・敬称略）

芦澤秀乃香、石崎史典、岩切一岳、岩本新之助、エネザン・バラ、大江真、尾郷ゴマ、
尾郷結衣、小俣天乃、金庭亜季、加納廉、神村初美、木村恵音、桑元康成、小林真理、
齋藤三紗、左藤寿々花、杉山翼、高野駿、谷詩織、中古賀渉、南雲彬、名塚公輔、
陌間拓未、橋本梨紗、松尾羽美、村仲しえな、望月春希、安池俊也、吉岡恵子、刘艺寒

リアルな会話で学ぶ

にほんご初中級

リスニング Alive

Nihongo Alive:
Listen & Learn from Real-life Conversations
Beginning & Intermediate

［別冊］
解答とスクリプト

［監修］
鎌田 修
Osamu Kamada

［著］
山森 理恵
Michie Yamamori

金庭 久美子
Kumiko Kaneniwa

奥野 由紀子
Yukiko Okuno

the japan times
PUBLISHING

解答とスクリプト

※相づち（「うん」や「へー」など）やフィラー（「えー」や「あ」など）、話しことば的な発音の違いなどは、すべてを文字化していないところがあります。

ユニット **1** みんなでたこ焼き

なりきりリスニング 1 p. 014

U1-01 あなた❶～友だち⑩

U1-02 あなた❶～あなた⓫ a・b

U1-03 あなた❶～あなた⓫ a

あなた❶：最近どう？ なんか楽しいこと、あった？

友だち①：そうだねー。ときどき高校の時の友だちと集まってごはんを食べることがあるんだけど。

❷：うん。

②：きのうは友だちがたこ焼き器を持ってきて。

❸：ん、たこ焼き器？

③：いつもはスーパーで食べ物を買ってくるんだけど。

❹：うんうん。

④：みんなでたこ焼きを作ろうって言って。

❺：あ、たこ焼き？

⑤：そう、わざわざ持ってきたんだよ。

❻：へー。

⑥：で、初めてたこ焼きを作ってみたらうまくできて。

❼：へー。

⑦：どんどん作って、1回20個ぐらいできるんだけど。

❽：うんうん。

⑧：気づいたら200個ぐらい作ってて。すごくない？

❾：ははは、すごっ。

⑨：もう、そう。みんな、なんかね。

❿：いいね、いいね。

⑩：たくさん作っちゃってね。

⓫：a いいね。わたしもたこ焼き、作りたい。

　　b いいね。わたしもたこ焼き、買いたい。

1. <u>たこ焼き器</u>を持ってきました。

2. <u>初めて</u>たこ焼きを<u>作って</u>みたのに、<u>200</u>個も<u>作った</u>からです。

3. a

なりきりリスニング2 p. 016

U1-04 あなた❶～友だち⑩

U1-05 あなた❶～あなた⓫ a・b

U1-06 あなた❶～あなた⓫ b

あなた❶：最近どう？ なんか楽しいこと、あった？

友だち①：そうだねー。わたしさ、おすし好きなんだけど。

❷：うん。

②：寮の友だちがね。

❸：うん。

③：親がのり、たくさん送ってきたって言って。

❹：うんうん。

④：で、寮のみんなで手巻きずしを作ろうってことになって。

❺：おー、手巻きずし。

⑤：うん、手巻きずしに入れる材料、いっぱい買ってきて。

❻：へー。

⑥：みんなでいっしょに、わいわい言いながら、作って食べて。

❼：うんうん。

⑦：たまごとかエビとかきゅうりとか、いろいろ巻いて食べたらおいしくって。

❽：いいね。

⑧：気づいたら3時間ぐらい食べ続けて。長くない？

❾：ははは、ながっ。

⑨：もう、そうみんな、なんかね。

❿：おなかいっぱいだよね。

⑩：うん。ちょっと食べすぎちゃってね。

⓫：a でも、いいね。手巻きずしより握りずしだよね。

　　b でも、いいね。今度うちでもやろうかな。

1. 寮の友だちのところに<u>親</u>から<u>のり</u>がたくさん届いたからです。

2. 寮の<u>友だち</u>といっしょに手巻きずしを<u>3</u>時間も
<u>作って食べた</u>からです。

3. b

なりきりリスニング３ p.018

🔊 U1-07

　これは百人一首のかるたです。この百人一首とい
うのは、百人の人が作った和歌を集めたものです。
800年くらい前にできました。百人の歌の中には、
①<u>恋</u>の歌、季節の歌などがあります。昔のことば
で書かれていますが、今のわたしたちと同じような
②<u>気持ち</u>の歌がたくさんあります。

　これが江戸時代にかるたというゲームになって、
みんなで遊ぶようになりました。

　家に百人一首のかるたがあって、家族や友だちと
③<u>楽しむ</u>人もいます。また、日本の学校では、百の
歌を全部覚えて、かるた④<u>大会</u>をすることもありま
す。百人一首は今もずっと愛されています。

🔊 U1-08　あなた❶～友だち⑩

🔊 U1-09　あなた❶～あなた⓫ a・b

🔊 U1-10　あなた❶～あなた⓫ a

あなた❶：最近どう？　なんか楽しいこと、あった？

友だち①：うちの家族は結構、みんなゲームとか好
　　　　　きなんだけど。

❷：うん。

②：この前たまたま4人うちにいた夜があって。

❸：うん。

③：お父さんの仕事で、なかなかないんだけど。

❹：うんうん。

④：みんなで百人一首しようって言って。

❺：百人一首？

⑤：あるんだけど、うちに。

❻：へー。

⑥：初めて4人で百人一首したら、楽しすぎて。

❼：ははは。

⑦：7時、夜7時ぐらい、ごはん終わってから始め
　　たんだけど。

❽：うん。

---

⑧：気づいたら12時ぐらいになってて、長いよね。

❾：えー、ながっ。

⑨：もう、そう。で、お母さんがすごくてさ、高校
　　の時覚えたの、忘れてないんだよ。

❿：すごいね、すごいね。

⑩：おれも負けたくなくて、本気になってやっ
　　ちゃった。

⓫：a　えー、お母さんすごいね。よく覚えてたね。
　　b　えー、お母さん残念だったね。忘れちゃっ
　　　　たんだね。

1. <u>いいえ</u>

2. お母さんが<u>高校</u>の時に<u>覚えた</u>百人一首を忘れて
いなかったからです。

3. a

聞いて反応しよう p.020

（1） 🔊 U1-12

友だち：このシャツさ、いいよね。500円なんだよ。
　　　　<u>安い</u>よね。

あなた：ははは、<u>やすっ</u>。

（2） 🔊 U1-13

友だち：きのう、温泉に行ったんだけど、お湯が
　　　　43度もあって。<u>熱く</u>ない？

あなた：えー、<u>あつっ</u>。

（3） 🔊 U1-14

友だち：マンガの本を友だちから借りてきてさ、1
　　　　日で20冊も読んじゃって。<u>やばい</u>よね。

あなた：ははは、<u>やばっ</u>。

（4） 🔊 U1-15

友だち：みっちゃんがさ、この間のテストで、100点
　　　　とったって。<u>すごく</u>ない？

あなた：えー、<u>すごっ</u>。

（5） 🔊 U1-16

友だち：うちさ、エアコンこわれて、部屋の中、マ
　　　　イナス2度。<u>寒い</u>よね。

あなた：えー、<u>さむっ</u>。

リアルな会話を聞いてみよう 🔊U1-18 p.022

Ⓐ：なんか、わたしたちの家族は結構、みんなボードゲームとか好きなんだけど、この前たまたま4人集まってた夜があって――なかなかないんだけど、お父さんの仕事の関係でね――あったからみんなでマージャンしようって言って。

Ⓑ：マージャン？

Ⓐ：あるんだけど、うちに。初めて4人でじゃらじゃらしたら――

Ⓑ：ジャン荘？

Ⓐ：楽しすぎて7時、夜7時半ぐらい、ごはん終わってから始めたんだけど、気づいたら深夜2時ぐらいになってて。

Ⓑ：ははは、ながー。

Ⓐ：もう、そう。家族みんな、なんかね。

Ⓑ：すごいね、すごいね。

Ⓐ：ジャン荘のカフェみたいになっちゃった。

Ⓑ：すごいね。妹もいっしょに？

Ⓐ：妹も。

Ⓑ：2時までやってんの？ すごいね。

Ⓐ：うん。やったの。小6なんだけど。

Ⓑ：おもしろいわ。

Ⓐ：ちゃんとついてきてて。えらいよね。

Ⓑ：えらいよね。すごいわ。へー。

Ⓐ：全然、歴とか違うんだけど。お父さんとかお母さんのほうはさ、仕事の人たちとかと、ま、昔やったりしたよって言ってたけど、わたしたち初心者だから、がんばってついていって。

Ⓑ：よくできるね。

Ⓐ：めっちゃ楽しかった。

復習しよう p.023

1

（1） 🔊U1-20

友だち：百人一首、やったの？

あなた：うん。本気になって**やっちゃった**。

友だち：すごっ！

（2） 🔊U1-21

友だち：たこ焼き、たくさん作ったの？

あなた：うん。100個ぐらい**作っちゃった**。

友だち：100個?!

（3） 🔊U1-22

友だち：カラオケ屋で、みんなで歌ったの？

あなた：うん。みんなで大声で**歌っちゃった**。

友だち：やばっ！

（4） 🔊U1-23

友だち：マンガ、全部読んだの？

あなた：うん。10冊全部**読んじゃった**。

友だち：はやっ！

（5） 🔊U1-24

友だち：きのうの夜も、アニメ見たの？

あなた：うん。5時間ぐらい**見ちゃった**。

友だち：ながっ！

2 🔊U1-25

（1） 今日はね、駅前のスーパーでお菓子を買って。いつもは家のそばで買うんだけど。

Q：友だちは今日、どこで買いましたか？

A：**駅前のスーパー**

（2） 今日、図書館でケンさんに会って。いつもはバイト先でしか会えないんだけど。

Q：友だちは今日、ケンさんとどこで会いましたか。

A：**図書館**

（3） ふだんは自転車で大学に行くんだけど。きのうはさ、雨だから歩いて大学に行って。

Q：友だちはきのう、どうやって大学に行きましたか。

A：**歩いて**

（4） きのうはたまたま、風邪で家にいて。いつもはバイトで家にいないんだけど。

Q：友だちはきのう、どこにいましたか。

A：**家**

（5） いつもは1万円ぐらい持ってるんだけど。きのうはたまたま、1,000円しかなくて。

Q：友だちはきのう、いくら持っていましたか。

A：<u>1,000円</u>
えん

3 ♪)U1-26

（1）たこ焼きの材料、たくさんあるから、**どんど**
やき　　ざいりょう
ん作って。
つく

（2）夏休みになったらみんなで集まって、**わいわ**
なつやす　　　　　　　　　あつ
いやるのが楽しみ。
たの

（3）遠いところに住んでるから、おじいさんには
とお　　　　　　す
なかなか会えなくて。
あ

（4）いつもはお父さん、帰ってくる遅いんだけ
とう　　かえ　　　　おそ
ど、きのうは**たまたま**早く帰ってきて。
はや　かえ

（5）近くの店でもジュース買えるのに、隣の駅に
ちか　みせ　　　　　　か　　　　となり　えき
あるスーパーまで**わざわざ**買いに行っちゃった。
か　　い

♪)≫ 聞き取りトレーニング ♪)U1-27 p.024
き と

　これは百人一首のかるたです。この百人一首とい
ひゃくにんいっしゅ　　　　　　　　ひゃくにんいっしゅ
うのは、百人の人が作った和歌を集めたものです。
ひゃくにん　ひと　つく　わか　あつ
800年く①らい前にできました。百人の②歌の中に
ねん　　　　　まえ　　　　　　　ひゃくにん　うた　なか
は、恋の歌、季節③の歌などがあります。昔の④こ
こい　うた　きせつ　うた　　　　　むかし
とばで書かれています⑤が、今のわたしたちと同じ
か　　　　　　　　　いま　　　　　　　　おな
よう⑥な気持ちの歌がたくさんあります。
きも　うた
　これ⑦が江戸時代に「かるた」という⑧ゲームに
えどじだい
なって、みんなで遊ぶ⑨ようになりました。家に百
あそ　　　　　　　　　　いえ　ひゃく
人一首の⑩かるたがあって、家族や⑪友だちと楽し
にんいっしゅ　　　　　　　　かぞく　とも　　たの
む人も⑫います。また、日本の学校⑬では、百の歌
ひと　　　　　　　　にほん　がっこう　　　ひゃく　うた
を全部覚え⑭て、かるた大会をすること⑮もありま
ぜんぶ　おぼ　　　　　　　たいかい
す。百人一首は⑯今もずっと愛されています。
ひゃくにんいっしゅ　いま　　　あい

ユニット2 だぶった！

なりきりリスニング1 p.026

♪)U2-01 あなた❶～友だち⑨
とも

♪)U2-02 あなた❶～あなた❾ a・b

♪)U2-03 あなた❶～あなた❾ a

友だち①：この間さあ、お昼にカレー食べたんだ
とも　　　　　　　あいだ　　ひる　　　た
けど。

あなた❶：カレー？

②：うん、カレーライス。

❷：うん。

③：高校のときの友だちに会って、学校の近くの昔
こうこう　　　とも　あ　　がっこう　ちか　むかし
からあるカレー屋さんに行って。
や　　い

❸：ああ。

④：で、ビーフカレー、なつかしい感じでおいしかっ
かん
たんだけど。

❹：うん。

⑤：その日、帰って見たら、お父さん、カレー作っ
ひ　かえ　み　　　とう　　　　つく
てて。

❺：ははっ。

⑥：お昼に食べたと同じようなビーフカレーで。
ひる　た　　　おな

❻：うん。

⑦：いつもはもう少し違う感じの、チキンカレー作っ
すこ　ちが　かん　　　　　つく

ることが多いのに。
おお

❼：うん。

⑧：その日は、なんかおれがお昼に食べたのと、
ひ　　　　　　　　ひる　た
おんなじようなカレー作ってた。
つく

❽：えー。

⑨：昼も夜もカレーだったんだよ。偶然。
ひる　よる　　　　　　　　　ぐうぜん

❾：a また、おんなじカレー食べるかもしんないね。
た
b また、料理、失敗するかもしんないね。
りょうり　しっぱい

1．<u>カレー（ビーフカレー）</u>を食べました。
た

2．<u>カレー（ビーフカレー）</u>を作りました。
つく

3．昼も夜も<u>ビーフカレー</u>を食べたことです。
ひる　よる　　　　　　　　た

4．a

なりきりリスニング2 p.028

♪)U2-04 あなた❶～友だち⑨
とも

♪)U2-05 あなた❶～あなた❾ a・b

♪)U2-06 あなた❶～あなた❾ a

友だち①：わたしさあ、くつした全然持ってなくて。
とも　　　　　　　　　　ぜんぜんも

あなた❶：くつした持ってないの？
も

②：うん、くつした、全然持ってないの。
ぜんぜんも

❷：うん。

③：仕事で履くから、仕事用で――

❸：ああ。

④：なんか黒いのを買うぐらいで。

❹：うん。

⑤：そんなに買うことないんだけど。

❺：うんうん。

⑥：くつした屋でめずらしくくつしたを買って、家帰ってきたら、同じ日にお姉ちゃんが同じくつしたを買ってきてっていうのが2回ぐらいあって。

❻：はははははは。

⑦：全然お姉ちゃんと服の趣味違うのに。

❼：うん。

⑧：くつしただけは、なんかまったく同じ、おんなじ柄のおんなじ色のくつしたを買って、おんなじ日に買うってことになる。

❽：はははははは。

⑨：それはほんとになぞ！

❾：a また、おんなじくつした買うかもしんないね。

　　b また、お姉さん、黒いくつした買うかもしんないね。

1．<u>くつした</u>を買いました。

2．お姉さんは<u>同じ柄</u>の<u>くつした</u>を<u>買い</u>ました。

3．趣味の違う2人が<u>同じもの</u>を<u>買った</u>ことです。

4．a

なりきりリスニング3 　p. 030

🔊U2-07

　「だぶる」ということばは、英語のダブル（double）から来たことばなんです。同じことが2つ①<u>重なる</u>ことを言うんですね。例えば、ゆみさんはケーキを買いました。同じ日にお母さんも②<u>まったく</u>同じケーキを買いました。こんなとき「③<u>だぶった！</u>」と言います。

　また、大学で単位を落として、もう一度同じ学年で勉強することを「だぶり」なんて言います。「だぶり」は、時間もお金もかかるので大変ですね。みなさんも授業はできるだけ休まないで④<u>ちゃんと</u>出席してくださいね。

🔊U2-08　あなた❶〜友だち⑨

🔊U2-09　あなた❶〜あなた❾ a・b

🔊U2-10　あなた❶〜あなた❾ b

友だち①：この間さあ、サークルのみんなで持ち寄りパーティーしたんだけど。

あなた❶：持ち寄りパーティー？

②：うん、鈴木さんとか本田さんとか、先輩たちもいっしょに。

❷：うん。

③：そのとき、なんかみんな料理一つ作って、持っていくってことになって。

❸：ああ。

④：で、わたし、サラダ作ることにして。

❹：うん。

⑤：ポテトサラダ作って持っていったら、鈴木さんもポテトサラダ作ってきて。

❺：え、だぶった？

⑥：うん。それに、本田さんもポテトサラダ作ってきて。

❻：えー。

⑦：ほかにも作れる料理あるのに。

❼：うん。

⑧：その日は、なんか3人まったく同じポテトサラダ作ってきた。

❽：はははははは。

⑨：はははは、それはほんとになぞ！

❾：a はははは、いろんなもの食べれてよかったね。

　　b はははは、ポテトサラダパーティーだったね。

1．<u>ポテトサラダ</u>を作りました。

2．<u>ポテトサラダ</u>を持ってきました。

3．<u>3人</u>が<u>まったく同じポテトサラダ</u>を作ってきたことです。

4．b

聞いて反応しよう 　p. 032

（1）🔊U2-12

友だち：この間さ、<u>シャツ</u>を買ったんだけど。

あなた：<u>シャツ</u>？

友だち：うん、黄色のシャツ。はでかな。

（2） U2-13

友だち：この間さ、おみやげもらったんだけど。

あなた：おみやげ？

友だち：うん、北海道のおみやげ。ホワイトチョコレートが入ってるお菓子。

（3） U2-14

友だち：この間さ、しょうたにマンガを借りたんだけど。

あなた：マンガ？

友だち：うん、バスケのマンガ。やばい。おもしろすぎ。

（4） U2-15

友だち：この間さ、ライブ行ったんだけど。

あなた：ライブ？

友だち：うん、アフリカのグループのライブ。すごいよかった。

（5） U2-16

友だち：この間さ、映画見たんだけど。

あなた：映画？

友だち：うん、大学生が昔に行っちゃう話。やばかった。

リアルな会話を聞いてみよう　U2-18　p. 034

Ⓐ：え、なんか、服買うんだけど、くつした全然持ってなくて。

Ⓑ：くつした持ってないの？

Ⓐ：くつした全然持ってないの。

Ⓑ：うん。

Ⓐ：仕事ではくから、仕事用で、GUで、なんか黒のやつを買うぐらいで。

Ⓑ：ああ。

Ⓐ：なんだけど、数少――そんなに買うことないんだけど。

Ⓑ：うん。

Ⓐ：くつした屋でめずらしくくつしたを買って、家帰ってきたら、同じ日にお姉ちゃんが同じくつしたを買ってきて――っていうのが2回ぐらいあって。全然お姉ちゃんと服の趣味違うのに。

Ⓑ：うん。

Ⓐ：くつしただけは、なんかまったく同じ、同じ柄の同じ色のくつしたを買って、同じ日に買ってくることがある。

Ⓑ：はははははは。

Ⓐ：それはほんとになぞ！

Ⓑ：それはなぞの話だね。

Ⓐ：なぞの話。服は全然趣味違うのに、くつしただけはかぶる。

Ⓑ：くつしただけはかぶる。洗濯するときは、もしかしたら入れ替わってる。

Ⓐ：入れ替わってるかもしれない。

Ⓑ：可能性がある。4つあって、左と左がいっしょになっちゃったとか、右と右がいっしょになっちゃったとか、はある。やばいな、それは。

Ⓐ：そう。あるある。

Ⓑ：うーん。

復習しよう　　　　　　　　　　　　　　p. 035

1

（1） U2-20

友だち：このマンガ、どう？

あなた：うーん、ちょっとつまんない。

（2） U2-21

友だち：あれ、ペン、6本あったと思ったんだけど、5本しかない。

あなた：え？　1本たんないの？

（3） U2-22

友だち：かばん、買ったんだ。

あなた：いいね、それ、どこで売ってんの？

（4） U2-23

友だち：今日は夜までバイトなんだ。

あなた：何時までバイトしてんの？

（5） U2-24

友だち：あした授業来る？

あなた：頭痛いから、あした休むかもしんない。

2 U2-25

（1）　朝起きて、外見たら、雪が降ってて。

　　　A：b

（2） 朝起きて、横見たら、ネコが寝てて。

A：d

（3） 新宿行ってカフェ入ったら、ネコがたくさんいて、もう、びっくりした！

A：c

（4） 新しい時計買ったら、彼女が同じ時計をプレゼントしてくれて。

A：e

（5） ベッドの下を見たら、お金が落ちてて。

A：a

3))U2-26

（1） しょうた、大学卒業だから、**仕事用**のかばんプレゼントしようと思って。

（2） 日曜日に、クラスのみんなが集まって**持ち寄**りパーティーするんだ。

（3） どうしてしょうたと同じプレゼントを買ったのか、ほんとに**なぞ**。

（4） さくらちゃんと、くつしたが同じ色で、**柄**もおんなじだった。

（5） 学校の前にね、**昔**からあるうどんやさんがあって、天ぷらうどんがおいしいんだよ。

🎧≳聞き取りトレーニング))U2-27 p. 036

「だぶる」ということばは、英語のダブル（double）から来たことばなんです。①同じことが２つ重な②ることを言うんですね。③たとえば、ゆみさんは④ケーキを買いました。同⑤じ日にお母さんもまった⑥く同じケーキを買いました。⑦こんなとき「だぶった！」⑧と言います。

また、大学⑨で単位を落として、もう一⑩度同じ学年で勉強する⑪ことを「だぶり」と言⑫います。「だぶり」は、時間⑬もお金もかかるので大⑭変ですね。みなさんも授⑮業はできるだけ休まない⑯でちゃんと出席してくださいね。

ユニット3 健康にはスムージー
けんこう

なりきりリスニング1 p. 038

))U3-01 あなた❶～友だち⑬

))U3-02 あなた❶～あなた⓮ a・b

))U3-03 あなた❶～あなた⓮ a

あなた❶：あのさー、なんか、健康に気をつけてることとかってある？

友だち①：健康のために気をつけてること？

❷：うん。

②：あー、あのね、最近ね、あの、ランニングをね、ちゃんとするようにしてる。

❸：ランニングね、いいね。

③：朝ね、ちゃんと起きて走ろうと思ってね。

❹：はいはい。

④：あ、意外とね、朝ちゃんと走るようにしたら調子がいいかな。

❺：へー。

⑤：前は運動しないで、ネコみたいに昼も寝てて。

❻：うん、体に悪い。

⑥：そうそうそうそう。

❼：あー、たしかに。

⑦：で、今は毎日走るようにしてるかな。

❽：はいはいはい。あー、それ大事だよね。毎日の習慣から、健康に気をつける。

⑧：そうそうそうそう。

❾：あれは、シューズとかは？

⑨：シューズね、あの別に、あのー、何でもいいんだけど、かっこいいの買ったらやる気も出るかなって。

❿：あー、やる気、大事だよね。

⑩：そうそう、それに、軽いから。

⓫：はいはいはい。

⑪：走りやすい。

⓬：それ、いいね。で、毎日履いてる？

⑫：全然履かない。

⑬：あはは。なんで？

⑬：ははは。汚れるから、部屋に飾ってる。

⑭：a えー、それ、意味ないよ。履かなくちゃ。

　　b えー、それ、意味ないよ。履いちゃいけない。

1．毎朝ランニングをしています。

2．b

3．かっこよくて、軽いシューズです。

4．いいえ　汚れるからです。

5．a

なりきりリスニング2 p. 040

🔊 U3-04 あなた❶〜友だち⑬

🔊 U3-05 あなた❶〜あなた⑭ a・b

🔊 U3-06 あなた❶〜あなた⑭ b

あなた❶：あのさー、なんか、健康に気をつけてることとかってある？

友だち①：健康のために気をつけてること？

❷：うん。

②：あー、あのね、最近ね、ジムにね、ちゃんと行くようにしてる。

❸：ジムね、いいね。

③：うん、近くのジムにね、ちゃんと行こうと思って。

❹：はいはい。

④：あ、意外とね、毎日ジムに行くようにしたら、調子がいいかな。

❺：へー。

⑤：前は、昼はアニメ見て、夜はバカみたいにゲームして。

❻：はいはい、動かない。

⑥：そうそうそうそう。

❼：あー、たしかに。

⑦：で、今はジムに行くようにしてるかな。

❽：あー、それ大事だよね。体動かして、健康に気をつける。

⑧：そうそうそうそう。

❾：あれは、トレーナーとかは？

⑨：あ、トレーナーね、あの別に、あのー、いなくてもいいんだけど、教えてもらったら、やる

気も出るかなって。

❿：あー、やる気、出るよね。

⑩：そうそう。がんばれるから。

⓫：はいはいはい。

⑪：楽しいよ。

⓬：そうそう、楽しいよね。で、健康になった？

⑫：全然なってない。

⓭：あはは。なんで？

⑬：ははは。終わったあと、いつもアイスクリーム食べちゃうから。

⓮：a えー、それ、食べなくちゃ。

　　b えー、それ、食べちゃいけないでしょ。

1．ジムに行っています。

2．b

3．トレーナーに教えてもらったら、やる気が出ると言っています。

4．いいえ　いつもアイスクリームを食べるからです。

5．b

なりきりリスニング3 p. 042

🔊 U3-07

みなさん、今、話題のスムージー、知っていますか。スムージーというのは、野菜や果物で作った飲み物です。なめらかで飲みやすく、野菜や①果物の栄養をたくさんとることができます。もともとはアメリカで②体にいいと広がったんですが、日本でも2010年ごろから、モデルやタレントの間で③人気が出てきました。最近は、コンビニでもいろいろなスムージーを見かけるようになりました。SNSでも、おしゃれで④健康にいいと話題で、飲む人が増えています。

🔊 U3-08 あなた❶〜友だち⑬

🔊 U3-09 あなた❶〜あなた⑭ a・b

🔊 U3-10 あなた❶〜あなた⑭ a

あなた❶：あのさー、なんか、健康に気をつけてることとかってある？

友だち①：健康のために気をつけてること？

❷：うん。

②：あー、あのねー、最近ねー、あのスムージーをね、ちゃんと飲むようにしてる。

❸：あ、スムージーね、おしゃれだね。

③：野菜をね、ちゃんと食べようと思ってね。

❹：はいはい。

④：あとね、朝昼晩ちゃんと食べるようにしたら調子いいかな。

❺：へー。

⑤：前は、朝抜いて、昼めっちゃ食べて。

❻：はいはい。バランス悪い。

⑥：そうそうそうそう。

❼：まあ、たしかにね。

⑦：で、今はバランスよく食べるようにしてるかな。

❽：あー、それ大事だよね。食事から気をつける。

⑧：そうそうそうそう。

❾：あれは、運動とかは？

⑨：運動ね。あの、別に、あのー、自転車で学校まで行くようにしてるけど。

❿：あー、それ、いい運動だね。

⑩：そうそう。3、40分かかるから。

⓫：はいはい。

⑪：いいよ。気持ちいいよ。

⓬：そうそう、気持ちいいよね。で、やせた？

⑫：全然やせない。どんどん太ってる。やばい。

⓭：あはは。なんで？

⑬：ははは、わからん、こっちが教えてほしいわ。

⓮：a あはは、もっと運動しなくちゃ。
　　b あはは、そんなに運動しちゃいけない。

1．スムージーを飲むようにしています。

2．b

3．自転車で学校に行くようにしています。

4．太りました

5．a

聞いて反応しよう　　p. 044

（1）　🔊U3-12

友だち：早起きしたら、朝からいろんなことできるよね。

あなた：そうそう、できるよね。

（2）　🔊U3-13

友だち：ジムでみんなで踊るって、やっぱり楽しい。

あなた：そうそう、楽しい。

（3）　🔊U3-14

友だち：森の中をね、散歩すると気持ちいいよね。

あなた：そうそう、気持ちいいよね。

（4）　🔊U3-15

友だち：チョコレート食べるの、やめるのは、無理。

あなた：そうそう、無理。

（5）　🔊U3-16

友だち：運動のあとに牛乳飲むのって、いいんだよね。

あなた：そうそう、いいんだよね。

リアルな会話を聞いてみよう　　🔊U3-18　p. 046

Ⓐ：で、なんかその健康のために気をつけていることとかってある？

Ⓑ：健康のために気をつけていること？　あー、あのねえ、最近ねえ、あのー、スムージーをねえ、ちゃんと飲むようにしてる。

Ⓐ：スムージーね。

Ⓑ：野菜をね。

Ⓐ：おしゃれだね。

Ⓑ：野菜をね、ちゃんと食べようと思ってね。

Ⓐ：はあはあ。

Ⓑ：あとね、でも意外とね、朝昼晩をね、ちゃんと食べるようにしたら、あのー、学部のころは、朝抜いて、昼バカみたいに食って。

Ⓐ：はいはい、バランスが悪い。

Ⓑ：そうそうそうそう。

Ⓐ：あー、たしかに。

Ⓑ：だから結構バランスよく食うようにはしてるかな。

Ⓐ：あー、はいはいはいはい、あー、それ大事だね、食事からね、健康に気をつかう。

Ⓑ：そうそうそうそう。

Ⓐ：あれは、運動とかは？

Ⓑ：運動はね、あの別に、あのー、ランニングとかは、たまにするけど、あのー、学校まで自転車

で行ってるから。

🅐：はいはいはい、あー、あれはいい運動だよね。

🅑：そうそう、20分、30分かかるから。

🅐：はいはいはいはい。

🅑：いい運動よね。

🅐：そりゃ長いわ、で、やせた？

🅑：全然やせない、日々太っていってる。

🅐：あはははは、なんで？

🅑：ははは、わからん、おれが教えてほしいわ。

復習しよう　　　　　　　　　　p. 047

1

（1） ◀》U3-21

友だち：コーラ、もっと飲みたいな。

あなた：体によくないよ。そんなにたくさん**飲んじゃいけない**。

（2） ◀》U3-22

友だち：あー、何もしたくない。家でゴロゴロしていたい。

あなた：それはよくないよ。少しは**体を動かさなくちゃ**。

（3） ◀》U3-23

友だち：あしたから、毎日3時間走ろうと思う。

あなた：初めからあんまり**無理しちゃいけない**。

（4） ◀》U3-24

友だち：あしたの朝まで、ゲームするんだ。

あなた：朝まで？ ちゃんと**寝なくちゃ**。

（5） ◀》U3-25

友だち：あしたは走りたくないな。

あなた：毎日続けることが大切だよ。**休んじゃいけない**。

2 ◀》U3-26

（1）

友だち：これから、毎日必ず1時間歩こうと思って。

あなた：えー、えらい。そうだよね。健康のために大事だよね。

友だち：うん。だから、そのためのシューズ、まず買おうと思って。

　　a　友だちは毎日歩いています。

　　ⓑ　友だちはまだ毎日歩いていません。

（2）

友だち：これからは、肉より野菜、食べようと思って。

あなた：へー。そのほうがきっと体にいいよね。

友だち：うん。肉より野菜食べるようになってから、なんか調子がいい。

　　ⓐ　友だちは毎日肉より野菜を食べています。

　　b　友だちは毎日野菜より肉を食べています。

（3）

友だち：これからね、毎日ジム行って運動しようと思って。

あなた：えー、すごい。でも、毎日行くの大変でしょ？

友だち：うん。だから、夏休みになってからにしようと思って。

　　a　友だちは毎日ジムに行っています。

　　ⓑ　友だちはまだ毎日ジムに行っていません。

（4）

友だち：これからはさ、もうちょっとバランスよく食べるようにしようと思って。

あなた：おー、えらい。じゃあ、毎日自分で作ってるの？

友だち：うん。毎日バランス考えて作って、食べてるよ。

　　ⓐ　友だちは毎日バランスよく食べています。

　　b　友だちは毎日バランスよく食べていません。

（5）

友だち：これからは、スムージー毎日飲もうと思って。

あなた：へー、いいね。健康、考えてるね。じゃあ毎日飲んでるんだ。

友だち：いや、自分で作るの大変で。

　　a　友だちは毎日スムージーを飲んでいます。

　　ⓑ　友だちは毎日スムージーを飲んでいません。

（1） みんなに「がんばれ」って言われると、なんか**やる気**が出るよね。

（2） 寒いときは、体を少し**動かす**と温かくなるよ。

（3） 緑色のスムージー、おいしくないかと思ったけど、**意外と**おいしかった。

（4） 毎朝、1時間歩くのが**習慣**なんだ。

（5） 今日は、寝坊して朝ごはん**抜いた**から、元気出ないんだ。

🔊 聞き取りトレーニング 🔊U3-28　p. 048

　みなさん、今、話題のスムージー、知っていますか。①**スムージー**というのは、②**野菜**や果物で作った飲み③**物**です。なめらかで飲み④**や**すく、野菜や果物の⑤**栄養**をたくさんとること⑥**が**できます。もともと⑦**は**アメリカで体にいいと⑧**広**がったんですが、日本⑨**でも** 2010年ごろから、モデ⑩**ル**やタレントの間で人⑪**気**が出てきました。最⑫**近**は、コンビニでもいろいろ⑬**な**スムージーを見かける⑭**よう**になりました。SNSで⑮**も**、おしゃれで健康にいいと⑯**話題**で、飲む人が増えています。

ユニット4　桜の下でランニング

なりきりリスニング1 p. 050

🔊U4-01　あなた❶～後輩⑩ a・b
🔊U4-02　後輩⑨～後輩⑭
🔊U4-03　あなた❶～あなた⓯ a・b
🔊U4-04　あなた❶～あなた⓯ b

あなた❶：もうすぐ、夏休みだね。

後輩①：そうですね。

❷：何か計画ある？

②：あ、はい、ぼく、夏暑いけど、ま、結構好きなんですよね。

❸：へー。

③：あの、地元に、きれいな海あるんですけど——

❹：うんうん。

④：よく遊びに行きます。

❺：へー。

⑤：あの、そうすると——

❻：海で泳いだりとか。

⑥：あ、そうですそうです。遠くまで泳げるんです。

❼：へー。

⑦：つりをするとか。

⑧：うん、つりね。

⑧：やっぱり、土日はとってもにぎやかなんですけど。

⑨：ああ。

⑨：月曜日とか火曜日は——

⑩：うん。

⑩：a 人が多くてお祭りみたいなものなので。
　　b 静かでマイビーチみたいなものなので。

⑪：へー、そうなんだ。

⑪：一日中遊べるんですよ。

⑫：へー、いいね、いいね。

⑫：じゃあ、今度行ってみますか。

⑬：えっ、いいの？ あ、どこだったっけ？

⑬：えっと、鎌倉のほうです。

⑭：あー、はいはいはいはい、鎌倉ね。

⑭：海、めっちゃきれいですよ。

⑮：a えー、泳ぐの？ だめだめ。
　　b えー、いいね。行こう行こう。

（1） b

（2）1. b

　　 2. **鎌倉**で泳ぐ約束をしました。

🔊U4-05　あなた❶～後輩⑨ a・b

🔊U4-06　後輩⑧～後輩⑬

🔊U4-07　あなた❶～あなた⑭ a・b

🔊U4-08　あなた❶～あなた⑭ a

あなた❶：もうすぐ冬休みだね。

後　輩①：そうですね。

❷：何か予定、ある？

②：はい、冬は寒いけど好きなんですよね。

❸：へー。

③：あの、わたしの地元に、大きなスキー場があるんですけど。

❹：うんうん。

④：よく、スキー場でアルバイトをします。

❺：え、スキー教室の先生とか？

⑤：そうですそうです。子どもたちに教えてます。

❻：え。子どもたちに。

⑥：ええ、スキー教室の先生は楽しいですよ。

❼：へえ。

⑦：去年は雪が降らなくて、アルバイトが休みになったんですけど。

❽：ああ。

⑧：今年はね──

❾：うん。

⑨：a 暖かくて雪が少なくて。
　　b 雪がいつもよりたくさん降ったので。

❿：あっ、本当？ ふーん。

⑩：滑れますよ。

⓫：へー、いいね。

⑪：じゃあ、今度いっしょにどうですか。

⓬：えっ、いいの？ えっ、どこどこ、どこだった？

⑫：えっと、長野のほうです。

⓭：はいはいはい。

⑬：案内しますよ。今年の雪はとってもいいですから。

⓮：a おー、それは、楽しみ。
　　b えー、滑るの？

（1）b

（2）1. a

2. 長野へ行ってスキーをする約束をしました。

🔊U4-09

　みなさんは春になるころ、何か特別なことをしますか。日本では、桜の季節が近づくと、お店に桜の①商品がたくさん出てくるんです。ぼくも、そういうのをとても楽しみにしています。桜のアイスクリームや桜のケーキもありますし、桜の紅茶や、桜の②食器や文房具なんかもあって、見ているだけで本当に楽しいです。お店の中でも③お花見をしているような気持ちになります。みなさんの国にも、季節に合わせた商品がありますか。ぜひ、桜の季節には、桜の花はもちろん、春だけの④特別な桜の商品も楽しんでみてください。

🔊U4-10　あなた❶～後輩⑩ a・b

🔊U4-11　後輩⑨～後輩⑭

🔊U4-12　あなた❶～あなた⑮ a・b

🔊U4-13　あなた❶～あなた⑮ b

あなた❶：そろそろ、桜咲くね。

後　輩①：そうですね。

❷：お花見行ったりする？

②：はい、わたし、春がすごい好きで。

❸：わたしも。

③：よく、あの、わたしの地元、桜がいっぱい咲いてるところがあるんですけど。

❹：うんうん。

④：よく、朝早くランニングに行きます。

❺：へー。

⑤：あの、そうすると──

❻：桜の木の下とか？

⑥：そうですそうです。桜のいっぱい咲いてる。

❼：気持ちいい、うん。

⑦：川の横とか。

❽：うん。

⑧：やっぱり昼は人がいっぱいいるんですけど──

❾：ああ。

⑨：朝はね──

❿：うん。

⑩：a　だれもいないので。

b　人が多いので。

⓫：あっ、本当？　ふうーん。

⑪：すっごい楽しいです。

⓬：へえ、じゃあ、やってみたいな。

⑫：ランニング？　ああ、いっしょに、いっしょにやりましょうよ。

⓭：えっ、いいの？　えっ、どこどこ、どこだったっけ。

⑬：えっと、上野の大学の近くの。

⓮：はいはいはい。

⑭：あっ、いっしょに走りましょうよ。桜きれいですよ。

⓯：a　えー、走るの？

b　おー、ぜひぜひ。

（1）a

（2）1．b

2．桜の木の下でランニングをする約束をしました。

聞いて反応しよう　p. 056

（1）U4-15

友だち：これ、おいしそうじゃない？　頼んでみない？

あなた：おー、いいね。**頼もう頼もう**。

（2）U4-16

友だち：どれ見る？　このアニメ、見ない？

あなた：おー、いいね。**見よう見よう**。

（3）U4-17

友だち：このケーキ、簡単でおいしそうだよ。いっしょに作ってみない？

あなた：おー、いいね。**作ろう作ろう**。

（4）U4-18

友だち：新しいボードゲーム買ったんだけど、今度いっしょにやらない？

あなた：おー、いいね。**やろうやろう**。

（5）U4-19

友だち：あ、お菓子も買っておかない？

あなた：おー、いいね。**買おう、買おう**。

リアルな会話を聞いてみよう　U4-21　p. 058

Ⓐ：でも、あ、えっと、そろそろ桜が咲くじゃないですか。

Ⓑ：うんうん。

Ⓐ：わたし、この時期がすごい好きで。

Ⓑ：うん。

Ⓐ：よく、あの、わたしの地元——

Ⓑ：わたしも。

Ⓐ：桜がいっぱい咲いているんですけど。

Ⓑ：うんうん。

Ⓐ：よく、早朝にランニングに行きます。

Ⓑ：へー。

Ⓐ：あの、そうすると——

Ⓑ：桜の木の下とか。

Ⓐ：そうですそうです。

Ⓑ：ふーん。

Ⓐ：桜のいっぱい咲いている——

Ⓑ：気持ちいい、うん。

Ⓐ：川の横とか。やっぱり、昼間は人がいっぱいいるんですけど、朝はひとりじめなので。

Ⓑ：あっ、本当、ふーん。

Ⓐ：すっごい楽しいです。

Ⓑ：へー、ちょっと、じゃあ、やってみたいな。

Ⓐ：ランニング、ああ、いっしょに、いっしょにやりましょうよ。

Ⓑ：えっ、いいんですか、えっ、どこどこ、どこでしたっけ？

Ⓐ：えっと、地元は駒込っていうところなんですけど、山の手線のところなんですけど。

Ⓑ：はいはいはい、あっ、この間、言ってましたよね。

Ⓐ：そうですそうです。

Ⓑ：東大の。

Ⓐ：あ、そう、東大の近くの。

Ⓑ：はいはいはい。

Ⓐ：あっ、いっしょに東大走りましょうよ、桜きれいですよ。

Ⓑ：おー、ぜひぜひぜひ。

Ⓐ：朝、ちょっと早めに集合して、ランニングして、で、朝ごはん食べてっていう、あれはめっちゃいいですよ。

Ⓑ：楽しそう。

Ⓐ：ね、やりましょ、やりましょ。

復習しよう　　　　p. 059

1

（1）🔊 U4-24

後　輩：毎日走っているって言っていましたけど、今も毎日、<u>走っていますか</u>。

あなた：うん、<u>走ってる</u>よ。

（2）🔊 U4-25

後　輩：先輩、先輩、本田先生が結婚するって、<u>知っていますか</u>。

あなた：うん、**知ってる**よ。来月だよね。

（3）🔊 U4-26

後　輩：ちょっと聞きたいことがあるんですけど、今、<u>急いでいますか</u>。

あなた：いや、**急いでない**よ。

（4）🔊 U4-27

後　輩：お弁当、おいしそうですね。毎日、<u>作っていますか</u>。

あなた：いや、毎日は**作ってない**けど。

（5）🔊 U4-28

後　輩：スムージー、毎日飲んでいるって言っていましたけど、今も<u>飲んでいますか</u>。

あなた：うん、**飲んでる**。いいよ。

🔊 U4-29

2

（1）朝は目を覚ますためにコーヒーを飲むんですけど、昼は——

　　　A：b

（2）5月は天気がいい日が続くんですけど、6月と7月は——

　　　A：a

（3）みんなは、パソコンの使い方とか、すぐ覚えられますけど、ぼくは——

　　　A：b

（4）土曜日は家でゲームをしていることが多いんですけど、日曜日は——

　　　A：b

（5）このカフェはお昼はこんでいるんですけど、夕方は——

　　　A：a

3 🔊 U4-30

（1）音楽聞きながら<u>ランニング</u>してる人いるね。ここ走るの気持ちよさそう。

（2）春、夏、秋、冬の中で、どの<u>季節</u>がいちばん好き？

（3）この前、夏休みにどんな<u>計画</u>があるか聞かれて。

（4）来週の<u>土日</u>、キャンプ行くんだ。楽しみー。

（5）わたしの<u>地元</u>、海がきれいで、魚がおいしくて。

🎧 聞き取りトレーニング 🔊 U4-31　p. 060

みなさんは春になるころ、何か特別なことをしますか。日本では、桜の季①節が近づくと、お店に②桜の商品がたくさん出③てくるんです。ぼくも、そういう④のをとても楽しみにし⑤ています。桜のアイスクリー⑥ムや桜のケーキもあります⑦し、桜の紅茶や、桜の食器⑧や文房具なんかもあって、⑨見ているだけで本当に楽⑩しいです。お店の中でもお⑪花見をしているような気⑫持ちになります。みなさん⑬の国にも、季節に合わせ⑭た商品がありますか。ぜ⑮ひ、桜の季節には、桜の花はも⑯ちろん、春だけの特別な桜の⑰商品も楽しんでみてください。

ユニット **5**　なんかいいことあった？

なりきりリスニング1　p. 062

U5-01 あなた❶～友だち⑦ a・b
U5-02 友だち⑥～友だち⑪
U5-03 あなた❶～あなた⓬ a・b
U5-04 あなた❶～あなた⓬ b

あなた❶：なんか、最近、いいこととかあった？

友だち①：うーん、そのねー、サークルにね、新しく入った人と——

❷：うん。

②：同じ授業をとってるんだけど。

❸：うん。

③：この前、授業のあと、その人といっしょに昼ごはん食べたんだ。男子なんだけど。

❹：へー。

④：で、その人、おいしそうなお弁当持ってきてて。

❺：うん。

⑤：「お弁当いいな。食べたいな」って言ったら——

❻：うん。

⑥：その人が、今度わたしにもお弁当作ってきてくれるって言うから——

❼：へー。

⑦：a どんなのかな、楽しみだなと思って。
　　b どうしてかな、無理かなと思って。

❽：そうだね。どんなのかな。

⑧：来週のその授業のときに持ってきてくれるみたいな。

❾：はいはいはい。

⑨：話になっているから。

❿：へー。

⑩：まだ、わかんないけどね。

⓫：あ、そうなんだ。

⑪：うん。そうなんだけど、手作りのお弁当、楽しみ。

⓬：a おいしいお弁当、作ってくれてよかったねー。
　　b おいしいお弁当、作ってくれるといいねー。

（1）a

（2）1．b

2．来週の授業のあとでサークルの友だちが作った弁当を食べることです。

なりきりリスニング2　p. 064

U5-05 あなた❶～友だち⑦ a・b
U5-06 友だち⑥～友だち⑪
U5-07 あなた❶～あなた⓬ a・b
U5-08 あなた❶～あなた⓬ b

あなた❶：なんか、最近、おもしろいこととかあった？

友だち①：うーんと、そうだねー、うちのタローがね。

❷：あ、タロー。

②：うん。いつもね、公園を散歩しているときに、タローがね、白い犬とあいさつするんだけど。

❸：うん。

③：シロって名前なんだけど。

❹：シロちゃん。

④：うん、で、タローはシロが好きみたいで。

❺：うん。

⑤：きのうもシロ見つけたら——

❻：うん。

⑥：シロのほうに走っていくから——

❼：へー。

⑦：a あいさつしないなーと思って。
　　b 2匹仲いいなーと思って。

❽：そっか。仲いいねー。

⑧：で、飼い主の人と話してたら、今度の土曜日、いっしょに遊ばせようみたいな。

❾：はいはいはい。

⑨：話になったから。

❿：へー、そうなんだ。

⑩：あ、雨降ったらわかんないけどね。

⓫：あ、そっか。

⑪：いっしょに遊べるといいなーと思って。

⓬：a いいね。雨が降らなくてよかったね。
　　b いいね。飼い主も仲よくなれるしね。

16

(1) b

(2) 1. b

   2. 土曜日の朝に、公園で犬を遊ばせることができるといいと思っています。

なりきりリスニング３　p. 066

🔊 U5-09

　日本の大学には、「テニス部」、「テニスサークル」のように、「部」と「サークル」があります。この違い、わかりますか。「部」というのは、大会に出て試合に①勝つために厳しい練習をします。先輩後輩の関係も厳しいです。それに対して、「サークル」というのは、それを②楽しみたい人が集まって作ったクラブなので、厳しい練習はしません。先輩後輩の③関係も厳しくありません。「サークル」には、スポーツのサークルもありますし、④音楽や英語、マンガやゲームのサークルなどもあります。

🔊 U5-10　あなた❶〜友だち⑦ a・b
🔊 U5-11　友だち⑥〜友だち⑪
🔊 U5-12　あなた❶〜あなた⑫ a・b
🔊 U5-13　あなた❶〜あなた⑫ a

あなた❶：なんか、最近、なんか恋愛話とか、そういう、いいこととかあった？

友だち①：うーんと、前に、そのね、バイトでさ。

❷：うん。

②：出会った女の子と話が合ってね。

❸：うん。

③：その人から、なんかときどき連絡来て、今３年生なんだけど。

❹：おー。

④：で、その人、サークルの後輩の話をしてて。

❺：うん。

⑤：「いいな。その後輩に会ってみたいな」って言ったら。

❻：うん。

⑥：そのサークルの後輩を紹介してくれるって言うから——

❼：へー。

⑦：a どんな人かな、楽しみだなーと思って。
   b どんな人かな、難しいなーと思って。

⑧：はいはい。

⑧：土日とか空いてるから、まあ、今度いっしょに、３人で会おうみたいな。

⑨：はいはいはいはい。

⑨：話になっているから。

⑩：あ、まだなの？

⑩：あ、まだ会ってないんだけどね。

⑪：あ、そうなんだ。

⑪：うん。そうなんだけど、今度、渋谷とかで。

⑫：a はいはい、会えるといいね。
   b はいはい、会えてよかったね。

(1) a

(2) 1. a

   2. バイトで出会った女の子と、その後輩と、３人で渋谷で会うことです。

聞いて反応しよう　　　　p. 068

(1) 🔊 U5-16

友だち：お花見行くときのお弁当、おにぎりがいいかなと思って。

あなた：そうだね。おにぎり、いいねー。

(2) 🔊 U5-17

友だち：キャンプは海と山、どっちがいいかなと思って。

あなた：そうだね。どっちがいいかな。

(3) 🔊 U5-18

友だち：健康のためには、スムージー飲むの、いいかなと思って。

あなた：そうだね。スムージー、いいねー。

(4) 🔊 U5-19

友だち：友だちにあげる日本のおみやげ、何がいいかなと思って。

あなた：そうだね。何がいいかな。

(5) 🔊 U5-20

友だち：東京から大阪まで、新幹線で行くの、いいかなと思って。

あなた：そうだね。新幹線、いいねー。

Ⓐ：え、なんか、最近、なんだろ、なんか恋愛話とか、そういう、いいこととかあった？　悪いことでもいいけど。

Ⓑ：うーんと、前に、そのねえ、浜中町であった飲み会のときに出会った女の子とLINEをとっててね。

Ⓐ：うん。

Ⓑ：その人から、なんか定期的に連絡来て、その人はおれに、保育士なんだけど、保育士の友だち、後輩を紹介してくれるって——

Ⓐ：お、いいね。

Ⓑ：聞いて、いやいや、楽しみだなーと思って。

Ⓐ：あー、あー、あー。

Ⓑ：土日らへんに空いてるから、ま、いっしょに3人で飲もうみたいな話になっているから。

Ⓐ：まだ飲んでないのね。

Ⓑ：まだ飲んでない。

Ⓐ：はいはいはい。

Ⓑ：これから計画中かな。

Ⓐ：へー。

Ⓑ：名塚は？

Ⓐ：え、おれ？　おれはもうね、何もないね。

Ⓑ：本当に？

Ⓐ：うん、何もない何もない。

Ⓑ：そうか。

Ⓐ：なんかあればいいなと思いながらね——

Ⓑ：うんうんうんうん。

Ⓐ：なんかスタバに行って、いつもこう、いろいろ見て、目が合ったら、あっ、何かあるかもしれないっていう淡い期待を、常に抱いている。

Ⓑ：うん、ねー。

Ⓐ：ま、そんな感じかな。

1

（1）　U5-25

友だち：新幹線の席、予約しておいてくれた？
あなた：うん、**予約しといた**。

（2）　U5-26

友だち：ガイドブック、よく読んでおいてくれた？
あなた：うん、**よく読んどいた**。

（3）　U5-27

友だち：鎌倉のどこに行くか、書いておいてくれる？

あなた：うん、**書いとく**。

（4）　U5-28

友だち：鎌倉のいいお店、探しておいてくれた？
あなた：うん、**探しといた**。

（5）　U5-29

友だち：ランチするところ、選んでおいてくれる？
あなた：うん、**選んどく**。

2　U5-30

（1）　先輩がたこ焼きパーティーに、おれたち呼んでくれるって。

　　　先輩がたこ焼きパーティーに**おれたち**を呼びます。

（2）　先輩がおれたちに、後輩紹介してくれるって。
　　　先輩が**おれたち**に**後輩**を紹介します。

（3）　いいカフェ、先輩が教えてくれるって。
　　　先輩が**わたしたち**にいいカフェを教えます。

（4）　みんな早く並んでー。先輩がみんなの写真、撮ってくれるって。

　　　先輩が**わたしたち**の写真を撮ります。

（5）　今から、うち来る？　来るなら、お父さんがカレー作ってくれるって。

　　　わたしのお父さんが**わたしたち**にカレーを作ります。

3　U5-31

（1）　パーティーで**出会った**人と、今度また会うことになってて。

（2） 鈴木さんもわたしと同じ授業<u>とって</u>いるよ。

（3） わたしもしょうたも同じサッカーチームが好きで、話が<u>合う</u>んだ。

（4） うちのネコ、隣のネコと<u>仲いい</u>みたいで、いつもいつもいっしょにいる。

（5） 友だちが<u>手作り</u>のケーキ、持ってきてくれたんだ。

🎧⊳聞き取りトレーニング 🔊U5-32 p.074

日本の大学には、「テニス部」、「テニスサークル」のように、「部」と「サークル」があります。この

①<u>違</u>い、わかりますか。「部」②<u>と</u>いうのは、大会に出て③<u>試</u>合に勝つために厳しい④<u>練習</u>をします。先輩後輩の⑤<u>関</u>係も厳しいです。それ⑥<u>に</u>対して、「サークル」という⑦<u>の</u>は、それを楽しみたい⑧<u>人</u>が集まって作ったクラブ⑨<u>な</u>ので、厳しい練習はしません。⑩<u>先</u>輩後輩の関係も厳し⑪<u>く</u>ありません。「サークル」⑫<u>に</u>は、スポーツのサーク⑬<u>ル</u>もありますし、音楽や⑭<u>英語</u>、マンガやゲームの⑮<u>サー</u>クルなどもあります。

ユニット6 これがおすすめ

なりきりリスニング1 p.074

🔊U6-01 あなた❶〜友だち⑭

🔊U6-02 あなた❶〜あなた⑮ a・b

🔊U6-03 あなた❶〜あなた⑮ a

あなた❶：なんか、最近、はまっていることってある？

友だち①：えー、最近？

❷：うん。

②：えー、最近、いちばんはまってるのは、やっぱりギターかな。エレキギターね。

❸：そうなんだ。

③：うん、なんか、夏休みに、バンドやってるおじさんが。

❹：うん。

④：こう、ギターやってみない、みたいな感じで教えてくれて。

❺：いいね。

⑤：前にギターやったときはふつうのギターで、アコースティックギターだったんだけど。

❻：うん。

⑥：そのときより、全然弾きやすかった。

❼：へー、そうなんだ。

⑦：で、初めての人でも弾きやすいような。

❽：初めての人でも？

⑧：うん、そういうやり方を教えてくれたから。

❾：はいはい。

⑨：そう、だから、おれでもできて。いい音が出て。

❿：うん。

⑩：昔できなかった曲とかも、うまくできて。

⓫：いいね。

⑪：それだけじゃなくって、ネットで見つけた簡単な曲とかも、結構弾けて。

⓬：へー。

⑫：だから、今ギター弾くのが楽しくって。

⓭：うん。

⑬：毎晩練習して。

⓮：そうなんだ。

⑭：それで、結構弾けるようになったんだ。

⑮：a いいね。わたしもギター弾けるようになりたいな。

　　b いいね。わたしも曲作れるようになりたいな。

1．a

2．<u>バンドをやっているおじさん</u>に教えてもらいました。

3．b

4．a

🔊 U6-04 あなた❶〜友だち⑭

🔊 U6-05 あなた❶〜あなた⑮ a・b

🔊 U6-06 あなた❶〜あなた⑮ b

あなた❶：なんか、最近、行ってよかったとこってある？

友だち①：最近？

❷：うん。

②：えー、最近行っていちばんよかったところは、やっぱり、和カフェかな。

❸：和カフェ？

③：うん、和カフェ。なんか、ゴールデンウイークに、先輩が——

❹：うん。

④：こう、ドライブ行かない、みたいな感じで、連れてってくれて。

❺：いいね。

⑤：で、そのカフェ、静岡にあるんだけど。

❻：うん。

⑥：和菓子で有名なんだよ。

❼：和菓子？

⑦：うん。で、そのカフェ、和菓子を食べながら——

❽：うん。

⑧：おいしい緑茶が飲み放題で飲めるようなサービスをやってるから。

❾：はいはい。

⑨：そう、だから、お茶、何杯もほしくなって。

❿：うん。

⑩：それに、そのカフェ、自然の中、森の中にあって、こう、庭もすてきなんだけど——

⓫：うん。

⑪：それだけじゃなくて、木でできた建物でいい感じで。

⓬：へー。

⑫：すごくリラックスできて。

⓭：うん。

⑬：ゆっくりできるし、最高。

⓮：そうなんだー。

⑭：そこが、印象的で行ってよかったところかな。

❶⑮：a いいね。おれも泊まってみたいな。

　　　b いいね。おれも行ってみたいな。

1．和カフェがよかったと言っています。

2．先輩に連れていってもらいました。

3．a

4．b

🔊 U6-07

　みなさん、お餅を食べたことがありますか。お餅はね、日本では昔から、お正月や子どもの日など①特別な日に作られて、食べられてきました。今でも年に一度、みんなで集まってお餅をついて食べる②餅つき大会をするところも多いんですよ。餅つき大会は子どもからお年寄りまで楽しめる行事なんです。

　それから、お餅はスーパーで買って家で食べることも多いんですよ。オーブントースターで焼いたり、③電子レンジでやわらかくしたりして食べるんです。あと、電動の餅つき器っていうのもあって、自分の家で簡単にお餅を作ることもできます。お餅は自分の好きなものを④つけて食べると楽しいですよ。

🔊 U6-08 あなた❶〜友だち⑭

🔊 U6-09 あなた❶〜あなた⑮ a・b

🔊 U6-10 あなた❶〜あなた⑮ a

あなた❶：今年に入ってからなんか、いちばんおいしかったものある？

友だち①：今年に入ってから？

❷：うん。

②：えー、今年に入ってから、いちばんおいしかったのは、でもやっぱり、衝撃的で覚えているのは餅かな。

❸：そうなんだ。

③：うん、友だちが、なんか、正月に。

❹：うん。

④：こう、餅つきしない、みたいな感じでさそってくれて。

20

⑤：いいね。

⑤：で、横浜で餅つきがあったんだけど——

⑥：うん。

⑥：行ってみたら、インドの人がやってる餅つき大会だったの。

❼：インドの人？

⑦：うん、そのインドの人が、なんかスパイスを、輸入するような。

❽：はいはいはいはい。

⑧：仕事をしてるから。

❾：はいはい。

⑨：そう、だから、その餅につけるものもね。おもしろくて。

❿：うん。

⑩：ふつう、なんか、砂糖じょうゆとか、あんこなんだけど。

⓫：うん。

⑪：それだけじゃなくてカレーとかもあって。

⓬：へー。

⑫：で、そのカレーが、もうおいしすぎて。それつけた餅がおいしくって。

⓭：へー。

⑬：今でも覚えてるかな。

⓮：そうなんだ。

⑭：それが今年入っていちばん衝撃的でおいしかった。

⓯：a いいねー、それ。お餅の新しい食べ方！
　　b いいねー、それ。カレーライスにお餅を入れる！

1．<u>カレーをつけた餅</u>がいちばんおいしかったと言っています。

2．<u>インドの人</u>がやっている餅つき大会です。

3．a

4．a

聞いて反応しよう　　　　　　　　p. 080

（1）　🔊U6-12

友だち：そのカフェ、<u>抹茶のケーキ</u>がおいしいんだよ。

あなた：<u>抹茶のケーキ</u>？

友だち：うん。抹茶のケーキもおいしいし、抹茶アイスも人気なんだよ。

（2）　🔊U6-13

友だち：きのう、パーティーで、<u>緑のカレー</u>食べた。

あなた：<u>緑のカレー</u>？

友だち：うん。インド人の友だちが持ってきてくれたんだ。

（3）　🔊U6-14

友だち：きのう、お母さんとおんなじお菓子、買って帰っちゃった。

あなた：<u>おんなじお菓子</u>？

友だち：うん、おんなじの買っちゃった。

（4）　🔊U6-15

友だち：駅前のラーメン屋が来月なくなるって。

あなた：え、<u>来月なくなる</u>？

友だち：うん。来月、閉店だって。

（5）　🔊U6-16

友だち：田中さん、なんか<u>スパイスを輸入するよう</u>な仕事をしてるって。

あなた：<u>スパイスを輸入する</u>？

友だち：うん。スパイスを外国から日本に持ってくるんだよ。

リアルな会話を聞いてみよう　🔊U6-18　p. 082

Ⓐ：今年に入ってから、今年、まあまだ2月だけど、なんかいちばんおいしかったものある？

Ⓑ：えー、今年に入ってからいちばんおいしかったのは、でもやっぱり、衝撃的で覚えているのはカレーかな。

Ⓐ：カレー。

Ⓑ：うん、インド人が、カレー、ちょっと待ってこれ、また餅の話になるわ。大丈夫？

Ⓐ：いや、大丈夫大丈夫。

Ⓑ：なんか正月に、こう、なんか、友だちが、こう、お餅つきしない、みたいな感じでさそってくれて。

Ⓐ：いいね。

Ⓑ：で、それ、鎌倉で餅つきがあったんだけど、

なんか、行ってみたら、インド人の餅つき大会だったの、インド人が主催の。

Ⓐ：あー、そういうこと。

Ⓑ：で、そのインド人の方、何してるかっていうと、なんかスパイスを、こう、輸入したり、輸出したりするような——

Ⓐ：はいはい。

Ⓑ：なんか、仕事についてるから。

Ⓐ：はいはい。

Ⓑ：そう、だから、そのお餅つきも、トッピング？

Ⓐ：うん。

Ⓑ：餅に何つけるってなるトッピングが、なんかもうさ、砂糖じょうゆとか、こう、なんだっけ、なんだっけな、あんことかだけじゃなくてカレーとかもあって。

Ⓐ：へー。

Ⓑ：で、そのカレーが、もうおいしすぎて、今でも覚えているかな。

Ⓑ：そう。

Ⓐ：それが今年入っていちばん衝撃的でおいしかった。うん。かな。

Ⓑ：すごいね。

復習しよう   p. 083

1

（1） 🔊 U6-20

友だち：その時計、いいね。だれかが教えてくれたの？

あなた：弟が、**これ、いいよ**、みたいな感じで**教えてくれた**。

（2） 🔊 U6-21

友だち：この写真、いいよ。だれが撮ってくれたの？

あなた：ゆいが、**ここ、きれいだよ**、みたいな感じで**撮ってくれた**。

（3） 🔊 U6-22

友だち：このお菓子、おいしいね。だれかが持ってきてくれたの？

あなた：けんたが、**いっしょに食べよう**、みたいな感じで**持ってきてくれた**。

（4） 🔊 U6-23

友だち：あれ？ この料理、全部一人で作ったの？ だれかが手伝ってくれたの？

あなた：ゆいが、**いっしょにやろう**、みたいな感じで**手伝ってくれた**。

（5） 🔊 U6-24

友だち：このマンガ、どうしたの？ だれかが貸してくれたの？

あなた：けんたが、**このマンガ、読んでみない**、みたいな感じで**貸してくれた**。

2 🔊 U6-25

（1） きのう、昼に食べたのは、トマトパスタとグリーンサラダ。あ、それだけじゃなくてアイスクリームも食べちゃった。

Q：友だちがきのう食べたものは何ですか。

A：a c d

（2） 家でよく食べるのは、コンビニで買ったお弁当とか、パン屋で買ったサンドイッチなんだけど、それだけじゃなくて、うちから送ってもらったお菓子もよく食べてるよ。

Q：友だちが家でよく食べるものは何ですか。

A：a c d

（3） 朝ごはんに食べるのは、いつもごはんとみそ汁なんだけど、きのうはそれだけじゃなくて卵焼きも食べたよ。

Q：友だちがきのう、朝ごはんに食べたものは何ですか。

A：b c d

（4） ギターで練習しているのは、みんなが知っている曲とか、ネットで見つけた曲なんだけど、それだけじゃなくて、友だちに教えてもらった曲も練習してる。

Q：ギターで練習しているのはどんな曲ですか。

A：a b c

3 🔊 U6-26

（1） 今、わたし、抹茶のお菓子に**はまっていて**、毎日いろいろなの食べてみてる。

（2）　毎日、**ネット**で日本語のニュース、読むようにしてるんだ。

（3）　駅の中にあるカフェ、朝はコーヒー**飲み放題**なんだよね。

（4）　日本は、世界のいろいろな国からスパイスを**輸入**してるんだって。

（5）　わたしの実家のそばって、山や川があって**自然**がいっぱいで。

🎧 聞き取りトレーニング　🔊 U6-27　p.084

みなさん、お餅を食べたことがありますか。お餅はね、日本では①**昔**から、お正月や子どもの②**日**など特別な日に作られ、③**食**べられてきました。今でも年に一度、みんなで集④**ま**ってお餅をついて食べ⑤**る**餅つき大会をするとこ⑥**ろ**も多いんですよ。餅つき⑦**大**会は子どもからお年⑧**寄**りまで楽しめる行⑨**事**なんです。

お餅はスー⑩**パ**ーで買って家で食べる⑪**こ**とも多いんです。オー⑫**ブ**ントースターで焼いたり、⑬**電**子レンジでやわらか⑭**く**したりして食べる⑮**ん**です。また、電動の餅つき⑯**器**っていうのもあって、自⑰**分**の家で簡単にお餅を⑱**作**ることもできます。お餅は⑲**自**分の好きなものをつけ⑳**て**食べると楽しいですよ。

ユニット7　温泉大好き

なりきりリスニング1　p.086

🔊 U7-01　あなた❶～友だち⑪

🔊 U7-02　あなた❶～あなた⑫ a・b

🔊 U7-03　あなた❶～あなた⑫ a

あなた❶：えー、なんか、あー、ふとんで寝るようなとこ、泊まったことある？

友だち①：ふとん？

❷：そう。ふとんで寝るようなところ。

②：あ、旅館か。旅館は泊まったことあるよ。

❸：どんな感じ？　旅館って。

③：旅館はね、ほら、えっと、なんだろ、ホテルとかって、ふつう、ベッドがあって。

❹：うん。

④：朝ごはんはパンで、っていう感じだけど。

❺：うんうん。

⑤：旅館は、たたみの部屋に、低いテーブルがあって、お茶とかお菓子が置いてあって。

❻：お茶とお菓子？

⑥：そう、お菓子食べてゆっくりできる感じで。

❼：あー、いいね。

⑦：旅館の人が部屋に来て、お茶を入れたりふとんをしいたりしてくれるし。

❽：あー、じゃ、ホテルとはちょっと違うね。

⑧：そう、旅館はね、ホテルに比べると、その、もっと、一人一人との関係を大切にしている感じ？

❾：へー。

⑨：あ、もし人が部屋に入ってくるのが苦手だったら、やめたほうがいいかもしれないけど。

❿：そうなんだ。

⑩：でも、日本のこと知りたいんだったら、旅館でしょう。

⓫：そっか。

⑪：そう。

⓬：a　そっか、やっぱり旅館か。
　　b　そっか、たしかにホテルか。

1．たたみの部屋に**低いテーブル**があって**お茶やお菓子**があります。

2．旅館はホテルに比べると、もっと一人一人との**関係を大切にしている**と言っています。

3．a

🔊 U7-04　あなた❶〜友だち⑪

🔊 U7-05　あなた❶〜あなた⓬ a・b

🔊 U7-06　あなた❶〜あなた⓬ a

あなた❶：えー、なんか、あー、あれ、入ったこと
　　　　ある？

友だち①：あれ？

❷：ええと、露天風呂。

②：あ、露天風呂か。露天風呂、入ったことあるよ。

❸：どんな感じ？　露天風呂って。

③：ほら、えっと、旅館行くと、あの、建物の中に
　　大きなお風呂があるけど、それとは別に、外
　　に露天風呂があるんだよね。

❹：うん。

④：中のお風呂は、大きな窓とかあるけど、ま、だ
　　いたいくもってて、景色、全然見えないんだ
　　けど。

❺：へー。

⑤：でも、露天風呂は外にあって。

❻：うんうん。

⑥：だから、お風呂入りながら、きれいな景色見ら
　　れて。

❼：あー。

⑦：外の空気も気持ちよくって。

❽：いいね。

⑧：そう、露天風呂はね、星とか雪も、見ながら入
　　れるし、人気なんだって。

❾：へー。

⑨：あ、でも、雨降ったら、ちょっときついかなー。

❿：あ、そうなんだ。

⑩：うん。でも、温泉に行くなら、やっぱり露天風
　　呂あるとこでしょう。

⓫：そっか。

⑪：そう。

⓬：a やっぱり、露天風呂、いいんだね。
　　b たしかに、中のお風呂、いいんだね。

1. 旅館などの、外にあるお風呂です。お風呂に入
　　りながら、きれいな景色が見られて、外の空気
　　も気持ちよくてすごくいいです。

2. 露天風呂は星とか雪を見ながらお風呂に入れる
　　から人気だと言っています。

3. a

🔊 U7-07

　熱海について、少しご紹介しますね。熱海は古い
温泉の町で、1200年以上の歴史があります。400年
ぐらい前から、だんだん①全国に知られるようにな
りました。熱海の町は、歩くと、結構古い建物がた
くさんありますので、それで少し②なつかしい感じ
がするという人もいます。一方で、新しい建物も
たくさんありますので、にぎやかな③リゾートの町
と感じる人もいると思います。熱海では、一年中、
花火大会がありまして、④船から花火を見ることも
できますので、おすすめです。お食事は、海に近い
ですから、やはりおすしがおすすめですね。おみや
げ屋さんも多いですから、ぜひ町を歩いてみてくだ
さい。

🔊 U7-08　あなた❶〜友だち⑪

🔊 U7-09　あなた❶〜あなた⓬ a・b

🔊 U7-10　あなた❶〜あなた⓬ a

あなた❶：えー、なんか、あー、あそこ行ったこと
　　　　ある？

友だち①：あそこ？

❷：ええと、箱根。今度友だちと温泉行こうと思っ
　　てて。

②：あ、箱根か。行ったことあるよ。

❸：どういうとこ？　箱根って。

③：箱根はね、静かなとこだよ。ほら、えっと、
　　どちらかって言うと、なんだろ、熱海とかっ
　　て、すごいリゾートみたいな感じじゃん。

❹：うんうん。

④：温泉もあって、花火とかよくやったりして、な
　　んかリゾートっていう感じなんだけど。

❺：うん。

⑤：箱根は本当に温泉と旅館だけで。

❻：温泉と旅館。

⑥：そう、ひっそりとしてる。

❼：あー。

⑦：ひっそりとしてて、ま、ちょっとさびしいかな。好きだけどね。

❽：あー、じゃ、ちょっと、熱海とは違う感じ？

⑧：そう、ちょっと、箱根はね、熱海に比べると、しぶい。雰囲気は。

❾：あー、そうなんだ。

⑨：温泉にゆっくり入りたいなーっていうんだったら、いいかな。あ、でも、温泉のほかにも楽しみたいんだったら、どうかな。

❿：そうなんだ。

⑩：うん、友だちとかと行くんだったら、うん、箱根より熱海でしょう。ビーチもあるし。

⓫：そっか。

⑪：そう。

⓬：a やっぱり、熱海のほうがいいかな。
　　b たしかに、箱根のほうがいいかな。

1．温泉と旅館だけで、ひっそりとしていて、**ちょっとさびしい**ところだと言いました。

2．箱根は熱海に比べると、**雰囲気がしぶい**と言っています。

3．a

聞いて反応しよう　　　　　　　　p. 092

（1）　🔊U7-13

あなた：温泉入るときは、先に体を洗ってから入るの？

友だち：そう。そうすれば、温泉のお湯が汚れない。

あなた：**あー、たしかに**。

（2）　🔊U7-14

あなた：温泉に入ってお酒飲んでる写真見たけど、本当にそんなことしてもいいの？

友だち：ダメだと思うよ。温泉に入ってお酒飲むのは体によくないって言うし。

あなた：**あー、やっぱり**。

（3）　🔊U7-15

あなた：温泉入るとき、「タオルを持って入らないでください」って書いてある。

友だち：だって、温泉が汚れるかもしれないから。

あなた：**あー、たしかに**。

（4）　🔊U7-16

あなた：温泉で泳いでみたい。温泉って泳いじゃダメなの？

友だち：うん。でも、ときどき泳ぐ人いるみたいだけどね。

あなた：**あー、やっぱり**。

リアルな会話を聞いてみよう　　🔊U7-18　p. 094

Ⓐ：えー、なんか、あー、あそこ行ったことある？

Ⓑ：うん？

Ⓐ：ええと、箱根。

Ⓑ：あ、箱根か。箱根は行ったことあるよ。

Ⓐ：どういう温泉なの？　箱根って。

Ⓑ：箱根はね、ほら、えっと、どちらかと言うと、なんだろ、熱海とかって、すごいリゾートみたいな感じじゃん。

Ⓐ：うんうんうん。

Ⓑ：温泉もあって、リゾートっていう感じやけど、箱根は本当に温泉だけなの。

Ⓐ：温泉と旅館。

Ⓑ：そう、ひっそりとしてるところ。

Ⓐ：あー。

Ⓑ：ひっそりとしてて、雰囲気はすごいいい。いいね。

Ⓐ：あー、じゃ、本当に。

Ⓑ：そう。

Ⓐ：まったり。

Ⓑ：そう、ちょっと、熱海に比べるとしぶい。雰囲気は。

Ⓐ：あ、ちっちゃい子とかの家族連れだったら、ちょっときついかなー。

Ⓑ：そうだねー。おじいちゃんおばあちゃんがゆっくり温泉につかりたいなーっていうんだったら、すごいいいけど。

Ⓐ：あー、大学生とか、そういう若い子だけで行くようだったら。

Ⓑ：やっぱり熱海でしょう。

Ⓐ：あー、やっぱり。

1

（1） 🔊U7-20

友だち：温泉ってどれぐらいの温度なの？

あなた：温泉によって違うけどさ、<u>平均40.6度なんだって</u>。

（2） 🔊U7-21

友だち：日本には温泉、いっぱいあるよね。いくつぐらいあるの？

あなた：この間、ネットで見たんだけど、<u>3,000ぐらいあるんだって</u>。

（3） 🔊U7-22

友だち：食事の前に温泉入るのってよくないの？

あなた：日本人の友だちに聞いたんだけど、<u>食事のすぐ前とか、すぐあとはよくないんだって</u>。

（4） 🔊U7-23

友だち：旅館の中では、くつはどうするの？

あなた：ネットで見たんだけど、<u>玄関でスリッパにはき替えるんだって</u>。

（5） 🔊U7-24

友だち：温泉のお湯って飲めるの？

あなた：友だちが言ってたけど、<u>飲んでもいい温泉もあるんだって</u>。

2 🔊U7-25

（1） 北海道、周るのは、京都を周るのに比べると、移動が大変だね。

　　Q：どちらのほうが移動が大変ですか。

　　A：<u>北海道</u>のほうが<u>大変だ</u>。

（2） 旅館に比べるとホテルは部屋の数が多いんだって。

　　Q：どちらのほうが部屋の数が多いですか。

　　A：<u>ホテル</u>のほうが<u>多い</u>。

（3） 露天風呂はね、中のお風呂に比べると、ちょっと熱いんだって。

　　Q：どちらのほうが熱いですか。

　　A：<u>露天風呂</u>のほうが<u>熱い</u>。

（4） ふつうの温泉に比べると、露天風呂は景色が楽しめる。

　　Q：どちらのほうが景色が楽しめますか。

　　A：<u>露天風呂のほうが楽しめる</u>。

（5） 家族と行くなら、山の中のひっそりした宿のほうが、町のホテルに比べるとおすすめだって。

　　Q：どちらのほうがおすすめですか。

　　A：<u>山の中の宿</u>のほうが<u>おすすめだ</u>。

3 🔊U7-26

（1） 山の上にあるホテルは、建物が古くて、中に置いてあるものも<u>しぶい</u>感じ。

（2） ホテルと旅館を<u>比べる</u>と、ホテルのほうが新しいイメージ。

（3） お風呂の窓って、<u>くもっていて</u>、何も見えない。

（4） あんな高いホテルに泊まるのは、お金のない学生には<u>きつい</u>。

（5） この通りは、いつもだれもいなくて、<u>ひっそり</u>としてるかな。

🎧 聞き取りトレーニング 🔊U7-27 p. 096

　熱海について、少しご紹介しますね。熱海は古い温泉の町で、1200年以上の歴史があります。400年ぐらい①<u>前</u>から、だんだん全国に知②<u>れ</u>るようになりました。熱海の③<u>町</u>は、歩くと、結構古い建物が④<u>た</u>くさんありますので、それ⑤<u>で</u>少しなつかしい感じがする⑥<u>と</u>いう人もいます。一方で、⑦<u>新</u>しい建物もたくさんあります⑧<u>の</u>で、にぎやかなリゾートの⑨<u>町</u>と感じる人もいると思います。熱海⑩<u>で</u>は、一年中、花火大会が⑪<u>あ</u>りまして、船から花火を見る⑫<u>こ</u>ともできますので、おすす⑬<u>め</u>です。お食事は、海に近いです⑭<u>から</u>、やはり、おすしがおすすめ⑮<u>で</u>すね。おみやげ屋さんも多い⑯<u>で</u>すから、ぜひ、町を歩いてみてください。

ユニット8 旅行に行ったけど

なりきりリスニング1 p. 098

U8-01 あなた❶～友だち⑪

U8-02 あなた❶～あなた⓬ a・b

U8-03 あなた❶～あなた⓬ b

あなた❶：なんか、旅行の思い出ってある？

友だち①：その、おれねー、その、去年の夏？

❷：うん。

②：あのー、ひとりでさ、北海道行ったんだけ。

❸：あー、北海道ね。

③：うん、そう、北海道バイクで周ったんだけど。

❹：うん。

④：あれ、北海道って、まじめに一周するのってすごく時間かかるの知ってる？

❺：そうそう。北海道大きいんだよね。

⑤：１週間以上ないと無理ってネットに書いてあって。

❻：そうそうそうそう。

⑥：うん、でも３日で周ったんだ。

❼：そんな短い間に周ったんだ。

⑦：一周2,000キロぐらいだから、１日600キロ以上走る。

❽：それ、ちょっとやばいよ。

⑧：きれいなところあっても、おいしいところあっても止まらない。

❾：え、それ意味ないじゃん。

⑨：とにかくバイクを止めない。走り続ける。

❿：超疲れるじゃん。

⑩：疲れるけど、でも、走るの楽しいから。

⓫：へー。

⑪：走るだけで気持ちいいし、そう、それがよくってさ。３日で周ったんだ。

⓬：a そうなんだ。走り続けてそんなに大変だったんだ。

b そうなんだ。走るのってそんなに気持ちいいんだ。

1．北海道は**広い**のに、毎日**600キロ**以上走って**3日で周った**ことです。

2．バイクを**止め**ないで**3**日で旅行しました。

3．b

なりきりリスニング2 p. 100

U8-04 あなた❶～友だち⑪

U8-05 あなた❶～あなた⓬ a・b

U8-06 あなた❶～あなた⓬ a

あなた❶：なんか、旅行の思い出ってある？

友だち①：その、わたしねー、その、先月？

❷：うん。

②：あのー、友だちと、沖縄まで行ったんだけど。

❸：あー、沖縄ね。

③：うん、そう、沖縄まで行ったんだけどさ。

❹：うん。

④：あれ、沖縄に大きい水族館あるの知ってる？

❺：あー、聞いたことある。

⑤：すっごい大きい水族館で、公園もあって、一日中遊べるようなとこでね。

❻：へー。

⑥：うん、わたし、５回行ったよ。

❼：え、そんなに行ったんだ。

⑦：うん、家族と初めて行って、もうほんとに大好きになって。そのあと一人でも行って。楽しくって。だいたい毎年行ってる。

❽：それ、ちょっとすごいよ。

⑧：で、行くときは、閉まる少し前に行くんだよね。そうすると、チケットが結構安くなるから。

❾：え、いいじゃん。

⑨：閉まる前って人も少ないからゆっくり見られるし。

❿：超いいじゃん。

⑩：空港から遠いけど、近くに泊まれば、夕方、閉まるぎりぎりまでいられるし。

⓫：おー。

⑪：そう、大きい魚、泳いでるのを、静かなとこでぼーっと見てさ。うん。それがよくって５回も行ったんだ。

⑫：a そうなんだ。たしかに、静かに見るのはいいね。

　　b そうなんだ。だから、一日中ゆっくり見るのはいいね。

1. 水族館は遠いのに、今までに5回行ったことがあることです。

2. 閉まる少し前に行くといいと言っています。

3. a

なりきりリスニング3 p. 102

🔊 U8-07

「青春18きっぷ」というのはですね、JRの特別切符で、春休み、夏休み、冬休みの間だけ使える切符なんです。1枚で5回乗れるんですけど、5回で12,050円です。1回分の切符で一日中①乗り放題なんです。0時から24時までの間、②普通電車だったらどこまでも行くことができるんです。あ、新幹線は乗ることができないんですけど。ですから、時間はかかりますが、お金をかけないで旅行したいという方には、とてもいい切符なんです。例えば、東京から宮島まで③新幹線を使って行くと5時間ぐらいで着きますが、2万円ほどかかります。でも、もし青春18きっぷで行くと、2,500円ぐらいで行けるんですよ。まあ、16時間ぐらいかかりますけどね。宮島に行く④フェリーもこの切符で乗ることができますよ。

🔊 U8-08 あなた❶〜友だち⑩

🔊 U8-09 あなた❶〜あなた⓫ a・b

🔊 U8-10 あなた❶〜あなた⓫ a

あなた❶：なんか、旅行の思い出ってある？

友だち①： その、おれもねー、その、前、前の年の今ごろ？

②：うん。

②：あのー、青春18きっぷでさ、広島の宮島まで行ったけど。

③：あー、宮島ね。

③：うん、そう、あそこまで行ったけどさ。

④：うん。

④：あれ、宮島から船乗れんの知ってる？

⑤：そうそう、フェリーも乗れるんだよ。

⑤：フェリーも青春18きっぷ、見せれば乗れるね。

⑥：そうそうそうそう。

⑥：うん、おれ、宮島におれ、1週間ぐらいいたよ。

⑦：そんないたんだ。

⑦：風邪ひいて、熱下がらなくって。

⑧：それ、ちょっとやばいよ。

⑧：で、宿があってさ、ゲストハウスに泊まって。2,000円だったかな、一泊。

⑨：え、安いじゃん。

⑨：シャワーとか使えて。

⑩：超安いじゃん。

⑩：ごはんとかつかないけど、2,000円で泊まれて。フェリー乗り場まで100メートルぐらいだし、そう、そんなとこで泊まってさあ。1週間もいたんだ。

⓫：a そうなんだ。たしかに青春18きっぷで帰るのも大変だもんね。

　　b そうなんだ。たしかに1週間も宮島にいたら楽しいよね。

1. 風邪をひいて熱が下がらなくて、宮島に1週間もいたことです。

2. 一泊2,000円のゲストハウスに泊まりました。

3. a

聞いて反応しよう p.104

（1）🔊 U8-12

友だち：マダガスカルって北海道よりずっと広いんだよ。

あなた：え、そんなに広いんだ。

（2）🔊 U8-13

友だち：大阪から京都まで、電車で30分で行けるんだよ。結構近いよね。

あなた：え、そんなに近いんだ。

（3）　🔊 U8-14

友だち：東京タワーは333メートル、スカイツリーは
　　　　634メートル。スカイツリーって、東京タ
　　　　ワーより高いんだよ。

あなた：え、**そんなに高いんだ**。

（4）　🔊 U8-15

友だち：東京から京都まで、新幹線だと2時間半で
　　　　行けるんだけど、バスだと8時間もかかる
　　　　んだよ。

あなた：え、**そんなにかかるんだ**。

（5）　🔊 U8-16

友だち：日本は北から南まで3,000キロなんだけど、
　　　　アマゾン川は6,500キロもあるんだよ。アマ
　　　　ゾン川ってすごく長いよね。

あなた：え、**そんなに長いんだ**。

リアルな会話を聞いてみよう　🔊 U8-18　p. 106

Ⓐ：その、おれもねー、その、前、前の年のその今
　　ごろ？　あのー、青春18きっぷでさ、広島の宮
　　島まで行ったけど。

Ⓑ：あー、宮島ね。

Ⓐ：うん、そう、あそこまで行ったけどさ。

Ⓑ：あれ？　宮島から船乗れんの知ってる？

Ⓐ：そうそう、フェリーも。

Ⓑ：フェリーも。

Ⓐ：フェリーも見せれば乗れるね。

Ⓑ：そうそうそうそう。

Ⓐ：うん、宮島におれ、1週間ぐらいいたよ。

Ⓑ：そんないたんだ。

Ⓐ：風邪ひいて。

Ⓑ：それちょっとやばいよ。

Ⓐ：そうそうそうそう。宿があってさ、その、ユー
　　スホステルかゲストハウスか忘れたけど、宮島
　　ゲ――あ、宮島ゲストハウスっていうのがあっ
　　て、そこのー、何だろ、ドミトリーって言って
　　さ、2段ベッドでベッド一つだけもらえるよう
　　なとこで、たしかねー、2,000円？　一泊。

Ⓑ：え、安いじゃん。

Ⓐ：シャワーとか使えて。

Ⓑ：超安いじゃん、それ。

Ⓐ：ごはんとかついてないけど、2,000円でやって、
　　フェリー乗り場まで100メートルぐらいだし、
　　そう、そんなとこで泊まってさあ。

Ⓑ：うん、でもたしかに青春18きっぷで来てたら、
　　帰るのもだるい、大変だもんね。

Ⓐ：そうそうそうそう。

Ⓑ：だよね。

Ⓐ：そう。

復習しよう　p. 107

1

（1）　🔊 U8-20

友だち：一人暮らしはどう？

あなた：**楽しくって**、毎日、料理作ってる。

（2）　🔊 U8-21

友だち：買い物行った？

あなた：それがさあ、買い物しようとしたら、さいふ
　　　　なくって、何も買えなかった。

（3）　🔊 U8-22

友だち：ゲーム何時間やってるの？

あなた：**おもしろくって**、やめられないんだよね。

（4）　🔊 U8-23

友だち：急いで。遅れるよ。

あなた：ちょっと待って。荷物が**重くって**。

（5）　🔊 U8-24

友だち：どうしたの？

あなた：バイト代たくさん入って、**うれしくって**。

2　🔊 U8-25

（1）

あなた：北海道に行ったんだって？

友だち：うん、町によって景色が全然違って、うん、
　　　　それがおもしろくって、1週間ぐらいいい
　　　　たよ。

　Ｑ　：友だちは何がおもしろかったと言いまし
　　　　たか。

　Ａ　：町によって**景色**が全然**違う**ことです。

（2）

あなた：富士山登るの、どうだった？ 大変だった？

友だち：うん。雨も風も強くって、そんな日に登って。だから、大変だった。

Q ：友だちはどんな日に登ったと言いましたか。

A ：<u>雨と風が強い日に登り</u>ました。

（3）

あなた：スカイツリーに１日いたの？

友だち：うん。キャラクターの店を見たりおみやげを買ったり、うん、それが楽しくって、１日いたよ。

Q ：友だちは何が楽しかったと言いましたか。

A ：<u>キャラクターの店を見</u>たり<u>おみやげを買っ</u>たりしたことです。

（4）

あなた：大阪で、いいとこ泊まったんだって？

友だち：うん。朝ごはん食べ放題だし、部屋広いし、そう、そんなとこで泊まってさ。

Q ：友だちはどんなところに泊まったと言いましたか。

A ：朝ごはんが<u>食べ放題</u>で部屋が<u>広い</u>ところに泊まりました。

（5）

あなた：京都で写真いっぱい撮ったんだって？

友だち：うん。桜が咲いているところとか、赤い鳥居が並んでいるところとか、そういうところ、写真に撮ったんだ。

Q ：友だちはどんなところを写真に撮ったと言いましたか。

A ：桜が<u>咲いている</u>ところや鳥居が<u>並んでいる</u>ところの写真を撮りました。

---

3 🔊 U8-26

（1） 海の近くに温泉がある古い<u>宿</u>があって、そこに泊まって。

（2） 空港から車で２時間ぐらいのところに<u>水族館</u>があって、そこ、めずらしい魚がいっぱいいて。

（3） 港からそこの<u>島</u>までフェリーで10分ぐらいで。

（4） ホテルからフェリー<u>乗り場</u>まで100メートルくらいだった。

（5） そのホテル、<u>一泊</u>6,000円で、ごはんもおいしくて。

🐾 ⟩ 聞き取りトレーニング 🔊 U8-27　p. 109

「青春18きっぷ」というのはですね、JRの特別切符で、春休み、夏休み、冬休みの間だけ使える切符なんです。１枚で５回乗れ①るんですけど、５回②で 12,050円です。１回分の切符で③一日中乗り放題なんです。０④時から24時までの間、普⑤通電車だったらどこまで⑥も行くことができるんで⑦す。あ、新幹線は乗るこ⑧とができないんですけど。⑨ですから、時間はかかります⑩が、お金をかけないで旅⑪行したいという方には、と⑫てもいい切符なんです。例⑬えば、東京から宮島まで新幹線⑭を使って行くと、５時間ぐ⑮らいで着きますが、２万円⑯ほどかかります。でも、もし青⑰春18きっぷで行くと、2,500円⑱ぐらいで行けるんです⑲よ。まあ、16時間ぐらいかか⑳りますけどね。宮島に行くフェ㉑リーもこの切符で乗ることができますよ。